Les meilleures 100 tapas

EDICIONES
Aldeasa

Introduction

Autrefois, à l'heure de l'apéritif, la coutume exigeait que l'on prenne un petit verre de vin rouge dans plusieurs établissements successifs. Par prudence, pour ne pas boire le ventre vide, on eut l'idée de les accompagner de tapas très simples consistant en une tranche de pain sur laquelle on plaçait des ingrédients crus combinés avec de la charcuterie, du fromage ou du poisson en conserve, parfois assaisonnés avec de la mayonnaise ou de l'huile. Peu à peu, le pays s'est développé et le temps de travail s'est prolongé, limitant les loisirs et les promenades. Remplacer un déjeuner complet par des tapas est devenu une habitude courante il y a quelques années. En particulier grâce à la qualité et à la diversité de la cuisine espagnole, les tapas se sont généralisées dans tout le pays. Selon les régions, des noms différents – tels que *pinchos* ou *banderillas* – sont employés pour désigner ces hors d'œuvres servis sous forme de petites portions. Les tapas originelles élaborées sur une base solide ont été complétées ultérieurement par de petits ramequins contenant des plats typiques du pays. Nous avons calculé les quantités d'ingrédients pour six personnes, sauf indication contraire. Finalement, nous remercions Soni Herreros de Tejada pour sa collaboration à la rédaction de ce livre, qui n'est qu'une simple introduction à l'art des tapas, car une encyclopédie ne suffirait pas à décrire les innombrables combinaisons créées par le cuisinier dans sa quête de l'harmonie des saveurs, tel le musicien qui assemble des notes pour créer une mélodielivre n'est qu'une simple introduction à l'art des tapas, car une encyclopédie ne suffirait pas à décrire les innombrables combinaisons créées par le cuisinier dans sa quête de l'harmonie des saveurs, tel le musicien qui assemble des notes pour créer une mélodie.

Légumes et champignons

1

Ajo blanco con uvas
Crème froide à l'ail et aux raisins

- **250 g de mie de pain**
- **150 g d'amandes en poudre**
- **1 gousse d'ail sans germe**
- **1 œuf**
- **2 cuillerées à soupe de vinaigre**
- **1 verre d'huile d'olive à 0,4°**
- **50 cl d'eau**

GARNITURE :
- **100 g de raisins**
- **50 g de raisins de Corinthe. Sel**

Préparation

Faire tremper la mie de pain pendant une heure, puis l'égoutter. • Mixer tous les ingrédients pendant 5 minutes et les passer ensuite au chinois. • Mettre le tout à refroidir au réfrigérateur. Si ce mélange devient trop épais, ajouter de la glace ou un peu d'eau.
Présentation : servir accompagné d'une garniture de raisins frais et de raisins secs.

2

Barquitas rellenas de espárragos
Barquettes fourrées aux asperges

- **Pâte à beignet (voir recette p. 117)**
- **12 asperges**
- **Mayonnaise selon recette p. 116**

Préparation

Beignets : procéder de la même façon que dans la recette, mais en utilisant la moitié des ingrédients. • Une fois la pâte préparée, la verser dans une poche munie d'une douille de 1/2 cm de diamètre. • Façonner de petits bâtonnets d'environ 6 centimètres de long sur une plaque recouverte de papier végétal graissé. • Cuire au four à 180° pendant 20 minutes. • Garniture : couper les pointes des asperges à la dimension des beignets. • La mayonnaise sera faite à la main ou achetée dans le commerce.
Présentation : ouvrir les beignets avec un couteau bien aiguisé et les garnir de mayonnaise et de pointes d'asperges.

3

Berenjenas con queso
Aubergines au fromage

- **2 aubergines moyennes**
- **1 camembert**
- **6 cuillerées à soupe de sauce tomate (p. 115)**
- **Origan ciselé**
- **Farine spéciale friture**
- **20 cl d'huile d'olive**

Préparation

Eplucher les aubergines et les couper en tranches de 1/2 centimètre d'épaisseur dans le sens de la longueur. • Les faire tremper dans un bol d'eau salée pendant 10 minutes. • Les égoutter soigneusement, les enrober de farine et les faire frire dans l'huile très chaude pour qu'elles soient bien croustillantes.

Présentation : napper les aubergines de sauce tomate et les recouvrir d'un bon morceau de camembert. • Parsemer d'origan et servir.

4

Crêpes rellenas de setas con besamel
Crêpes fourrées de sauce béchamel aux champignons

- 12 crêpes du commerce ou confectionnées selon la recette p. 117
- 500 g de champignons de saison
- 1 ciboulette hachée
- 2 gousses d'ail hachées
- 3 cuillerées à soupe d'huile
- 10 cuillerées à soupe de sauce béchamel (voir recette p. 114)
- 1 petite boîte de truffes Estivium

Préparation

Crêpes : confectionner les crêpes selon la recette. • **Garniture :** préparer la béchamel et la laisser refroidir en la recouvrant d'un papier film en contact avec la surface. • Faire revenir la ciboulette dans une poêle profonde jusqu'à la rendre translucide, puis ajouter l'ail. • Débarrasser les champignons de la terre et les ajouter au contenu de la poêle après avoir coupé les pieds. • Faire cuire l'ensemble jusqu'à évaporation du jus de cuisson. • Assaisonner et mélanger à la sauce béchamel.
Présentation : répartir la farce sur les crêpes et les plier en quatre pour former un triangle. o Parsemer de truffes Estivium hachées.

5

Champiñones rellenos con gambas y jamón

Champignons de Paris farcis aux crevettes et au jambon

- 6 champignons de culture
- 6 queues de grosses crevettes surgelées
- 50 g de lamelles de jambon ibérique
- 3 gousses d'ail hachées
- 15 cl d'huile d'olive
- Persil ciselé

Préparation

Farce : décortiquer les queues des crevettes et les faire revenir dans un peu d'huile. Réserver. • **Champignons** : choisir les champignons les plus gros pour les farcir et creuser légèrement l'intérieur du chapeau. • Faire revenir l'ail haché, parsemer de persil et remplir l'intérieur des champignons avec ce mélange.• Arroser avec le restant d'huile. • Faire cuire au four préchauffé à 160°, pendant 20 minutes.
Présentation : sortir les champignons du four et ajouter les lamelles de jambon et les crevettes sautées.

6

Escalibada

- 2 pommes de terre
- 2 oignons
- 2 poivrons verts
- 2 aubergines
- Sel
- Huile d'olive vierge

Préparation

Laver les légumes et les pommes de terre, les couper en rondelles très fines et les ranger dans un grand plat à four. • Saupoudrer de sel et arroser de gouttes d'huile avec les doigts. • Couvrir de papier d'aluminium et mettre au four à 170° pendant 30 minutes. • Une fois ce temps écoulé, sortir les légumes. • Les passer ensuite au gril très chaud. Retirer le plat quand les légumes commencent à dorer. Arroser à nouveau de gouttes d'huile d'olive vierge.
Remarque : ce plat est d'origine catalane. Selon la tradition, on fait griller les légumes sur la braise les uns après les autres en fonction du temps de cuisson exigé. Ici, la recette est simplifiée.

7

Gaspacho

- 250 g de pain
- 1 kg de tomates rouges mûres
- 1 morceau de poivron vert
- 1 gousse d'ail
- 50 g de concombre
- 10 cl d'huile
- 1 cuillerée de vinaigre
- Sel et 1 pincée de sucre
- Eau et glace

GARNITURE :

- 1/2 concombre
- 1/2 poivron vert
- 1 poivron rouge *piquillo* en conserve
- 1/2 oignon
- 1 œuf dur
- Petits croûtons rissolés en forme de dés

Préparation

Mettre la mie de pain à tremper pendant quelques heures. • Introduire dans le récipient du mixeur le pain préalablement égoutté, les tomates, le poivron, le concombre, l'ail, l'huile et un petit verre d'eau. • Mixer pendant quelques minutes jusqu'à ce que l'émulsion soit consistante. • Passer au presse-purée et verser dans une jatte. Si la crème est trop épaisse, l'étendre avec un peu d'eau.

Présentation : servir avec des glaçons. Les légumes et l'œuf doivent être hachés séparément. • Présenter la garniture tout autour ou à part, sur un plateau.

8

Habas a la catalana
Fèves à la catalane

- 1 kg de fèves
- 200 g de *butifarra* blanche (sorte de saucisse sèche)
- 2 tranches de bacon hachées
- 2 gousses d'ail
- 1 oignon haché
- 1 petit verre de xérès oloroso
- 1 petit verre d' huile d'olive
- 8 brins de menthe ciselée
- Sel

Préparation

Ecosser les fèves. Il est également préférable d'enlever la peau. Réserver. • Faire revenir l'oignon et les gousses d'ail dans une cocotte en terre cuite, ajouter le bacon et lorsque l'ensemble devient transparent, ajouter les fèves. • Couvrir d'eau. • Mouiller avec le xérès, ajouter deux brins de menthe ciselée, saler et couvrir d'eau. • Laisser cuire jusqu'à ce que les fèves soient tendres. • Ajouter la *butifarra* en rondelles.

Présentation : servir dans le plat de cuisson, décoré avec le reste de la menthe.

9

Melón con jamón
Melon au jambon

- **1 melon jaune**
- **100 g de jambon**

Préparation

Partager le melon en deux et couper chaque moitié en trois tranches. • Les débarrasser soigneusement des pépins et les détailler en cubes de 2,5 cm. • Tailler le jambon en tranches très fines à la dimension de chaque morceau de melon.

Présentation : envelopper les cubes de melon avec le jambon et les enfiler sur un pic de métal ou de bois .

10

Paella de verduras
Paella aux légumes

- 100 g de poireaux hachés (partie blanche)
- 100 g d'oignon haché
- 150 g de champignons de Paris propres émincés
- 1 l d'eau et 1 pincée de sel
- 150 g de chou en languettes
- 150 g de petits pois surgelés
- 150 g de haricots verts coupés en petits dés
- 150 g de petites carottes surgelées
- 1 cube de bouillon de légumes
- 30 filaments de safran
- 2 cuillerées à soupe de sauce tomate (p. 115)
- 475 g de riz rond de Calasparra (deux tasses)
- 4 grandes tasses de bouillon et quelques gouttes de citron
- 15 cl d'huile d'olive à 0,4°
- 1 poivron rouge et 1 œuf dur

Préparation

Verser 5 cl d'huile dans la poêle à paella avec le poireau, l'oignon et les champignons. Faire revenir jusqu'à évaporation complète du liquide. • Faire cuire le reste de légumes dans une casserole jusqu'à cuisson complète et les ajouter au sauté de champignons. • Verser le riz et le reste d'huile dans la poêle à paella et faire revenir le riz jusqu'à ce qu'il devienne opaque. • Arroser de jus de citron et assaisonner abondamment. • Ajouter 4 grandes tasses d' eau chaude et dès l'ébullition, mettre au four à 180 ° pendant 20 minutes. Vérifier la consistance du riz. S'il est encore dur, couvrir 5 minutes.
Présentation : servir le riz directement dans la poêle ou le répartir dans 6 cassolettes et décorer avec le poivron rouge et 1 rondelle d'œuf dur.

11

Pan con tomate, ajo y perejil
Pain à la tomate, ail et persil

- Pain du type baguette
- 6 tomates
- 6 cuillerées à soupe de chapelure
- 2 gousses d'ail
- 6 cuillerées à soupe de persil
- 1 cuillerée à soupe de *pimentón* doux (paprika)
- 6 cuillerées à café d'huile d'olive
- Sel, sucre et persil

PURÉE DE TOMATE :

- 2 gousses d'ail
- 3 cuillerées à soupe d'huile d'olive
- Sel
- Une pincée de sucre

Préparation

Déposer les tomates sur leur côté le plus plat. • Les couper en deux à un peu plus de la moitié et creuser l'intérieur. Réserver la pulpe. • Assaisonner ces tomates de sel et d'une pincée de sucre et les renverser pour les faire dégorger. • Les retourner et les remplir avec un hachis d'ail, de persil, de poivre, de chapelure et d'huile d'olive. • Cuire au four à 160° pendant 20 minutes. • **Purée de tomate :** mixer la pulpe de tomates réservée dans un robot électrique avec l'ail, l'huile, du sel et une pincée de sucre.

Présentation : couper le pain en 6 tranches et les tartiner de purée de tomate. Y déposer les tomates cuites. • Saupoudrer de persil et servir.

12

Patatas a la brava

Pommes de terre à *la brava*

- 700 g de pommes de terre
- 1/2 litre de sauce tomate (p. 115)
- 1 morceau de piment ou un peu de sauce Tabasco
- 6 cuillerées à soupe d'huile d'olive
- Bonne quantité d'huile de friture

Préparation

Peler les pommes de terre et les couper en morceaux de taille variée. • Faire frire dans une grande quantité d'huile et réserver. • Faire dorer le piment dans l'huile et verser sur les pommes de terre. • Y ajouter la sauce tomate, en les recouvrant bien, sans les noyer.
Présentation : servir dans un plat ou dans 6 cassolettes en terre cuite.

13

Patatas al alioli

Pommes de terre à l'aïoli

- 750 g de pommes de terre
- Sauce aïoli, selon recette p. 114
- 1 cuillerée à soupe de moutarde douce
- 1 cuillerée à soupe de sel marin
- Sel de table
- 1 pincée de poivre fraîchement moulu

Préparation

Peler les pommes de terre et les couper à la dimension de celles figurant sur la photo. • Les faire cuire dans l'eau additionnée de sel marin, de façon à ce qu'elles soient fondantes mais qu'elles ne s'écrasent pas. • Les égoutter et laisser refroidir. Les mélanger à l'aïoli et rectifier l'assaisonnement.

Présentation : servir dans un plat ou dans 6 cassolettes.

14

Picadillo helado cordobés

Salade glacée cordouane

- 2 tomates mûres mais fermes
- 2 concombres
- 1 courgette
- 2 poivrons verts
- 1 civette
- Huile d'olive
- Vinaigre de xérès
- Sel et une pincée de sucre

Préparation

Hacher les concombres, la tomate, les poivrons et la civette. Laver la courgette, l'éplucher et hacher sa peau. Réserver. • **Vinaigrette :** dissoudre le sel, le sucre et le poivre dans une cuillerée à café de vinaigre de xérès et battre énergiquement en ajoutant l'huile.
Présentation : mélanger les légumes avec la vinaigrette et servir très frais avec deux glaçons.
Remarque : les concombres peu mûrs sont plus digestes.

15

Pimientos del piquillo rellenos de bacalao

Poivrons *piquillo* farcis à la morue

- **200 g de morue salée en morceaux**
- **1 boîte de poivrons *piquillo* (425 g), dont on gardera 2 poivrons pour la sauce**
- **Sauce béchamel selon recette p. 114**
- **Quelques gouttes de jus de viande concentré**
- **Sel**

Préparation

Couper la morue et la faire tremper pendant 48 heures. • Réserver au réfrigérateur et changer l'eau environ 6 fois. • Au moment de la préparer, la plonger dans une casserole d'eau froide, la faire chauffer et la sortir avant l'ébullition. La débarrasser de la peau et des arêtes et l'émietter. • Préparer une béchamel et en faire deux parts. • Ajouter la morue à l'une des moitiés et amener à ébullition. Remplir les poivrons de ce mélange et les disposer dans un plat à four. • **Sauce aux poivrons :** ajouter les poivrons à l'autre moitié de la béchamel ainsi que le jus de viande concentré. • Mixer, verser sur le plat et faire cuire au four à 180° pendant 1/2 heure.

16

Pimientos rellenos de cangrejo y carabinero

Poivrons farcis au crabe et aux gambons

- **Pain du type baguette**
- **6 poivrons *piquillo* en conserve**
- **200 g de chair de crabe en conserve**
- **2 gambons écarlates**
- **Sauce mayonnaise (voir recette p. 116)**
- **Feuilles de laurier**
- **2 cuillerées à soupe d'huile d'olive**
- **1 cuillerée à soupe de maïzena Express**
- **Câpres**

Préparation

Faire cuire les gambons dans un peu d'eau salée avec 2 feuilles de laurier. • Au bout de 2 minutes de cuisson, les sortir, les laisser refroidir et les couper en petits dés après les avoir décortiqués. Faire cuire les têtes et les carapaces dans 75 cl de cette eau. Les égoutter et les écraser au presse-purée. Préparer une sauce épaisse en ajoutant la maïzena à 50 cl de ce liquide et amener à ébullition. Après refroidissement, mélanger avec la mayonnaise, que l'on aura confectionnée très épaisse et sans vinaigre. • Ajouter le crabe aux gambons et à la sauce.
• Remplir les poivrons de ce mélange.

Présentation : couper le pain en 6 tranches, déposer sur chacune d'elles un poivron farci et décorer de câpres.

17

Pimientos rellenos de morcilla
Poivrons farcis à la *morcilla*

- 12 poivrons *piquillo*
- 2 *morcillas* de 200 g chacune (sorte de boudin noir)
- 50 cl de sauce tomate (p. 115)
- 3 cuillerées à soupe de crème fraîche
- Sel
- Poivre

Préparation

Préparer la sauce tomate et y ajouter la crème fraîche. • Oter la peau des morcillas, écraser l'intérieur et le faire revenir en remuant pendant 2 minutes. Garnir les poivrons de la *morcilla*. • Les disposer dans des cassolettes en terre cuite sur un lit de sauce tomate et les arroser de quelques gouttes d'huile. • Mettre au four à 170° pendant 15 minutes. • Servir très chaud.

18

Pimientos rojos y ventresca
Poivrons rouges et ventrèche

- 6 tranches de pain du type *chapata* (sorte de pain de campagne plat et allongé)
- 3 poivrons rouges (200 g chacun)
- 50 g d'oignon
- 100 g de ventrèche de thon en conserve à l'huile d'olive
- 5 cuillerées à soupe d'huile d'olive à 0,4°

Préparation

Mettre au four les poivrons enveloppés de papier d'aluminium pendant 1 heure. Les laisser refroidir dans le papier. • Les peler et les couper en lamelles. • Dans une poêle, faire revenir dans l'huile l'oignon finement haché et les poivrons.

Présentation : répartir le sauté de poivrons sur 6 tranches de pain. • Y déposer les lamelles de ventrèche de thon. La ventrèche, ou poitrine du thon, est un morceau très tendre et juteux.

Remarque : le thon étant moins cher que la ventrèche, on pourra opter pour celui-ci.

19

Pisto

Ratatouille

- **500 g de courgettes pelées et coupées en dés**
- **300 g de poivrons verts hachés**
- **100 g d'oignon haché**
- **150 g de tomates ébouillantées et pelées**
- **1 poivron rouge**
- **Huile d'olive**
- **Sel, poivre et sucre**
- **2 œufs durs pour la garniture**

Préparation

Passer le poivron rouge au four pendant 1 heure, enveloppé de papier d'aluminium. • Le laisser refroidir à couvert, puis le peler et le couper en petits dés. • Faire revenir l'oignon dans 20 cl d' huile. Ajouter les poivrons verts au bout de 5 minutes, puis les courgettes et le poivron rouge 15 minutes plus tard. Assaisonner et laisser mijoter lentement. • Au bout d'une demi-heure, ajouter les tomates et laisser cuire le tout à feu doux pendant 10 minutes de plus. • Laisser reposer et retirer la graisse flottant à la surface. • Si le mélange est trop liquide, prolonger la cuisson, saler et poivrer.

Présentation : servir dans 6 cassolettes et décorer avec les œufs durs coupés en quartiers.

20

Salmorejo

- 1 kg de tomates mûres
- 1 gousse d'ail
- 1 bol rempli de mie de pain
- 25 cl d'huile d'olive
- 1 cuillerée à café de vinaigre (facultatif)
- Une pincée de sucre
- Sel
- 100 g de jambon cru de Jabugo en lamelles
- 2 œufs durs hachés

Préparation

Mettre les tomates et les gousses d'ail dans le bol du robot. • Mixer, puis ajouter le pain et mixer à nouveau. • Verser l'huile lentement sans arrêter le robot. • Une fois l' huile versée en totalité, assaisonner et mixer à nouveau à la vitesse maximum pendant 2 minutes pour émulsionner le tout. • Mettre au réfrigérateur.

Présentation : servir très frais dans des ramequins individuels accompagné de lamelles de jambon et d'œuf dur.

21

Tartaletas de champiñones a la crema
Tartelettes de champignons à la crème

- 6 tartelettes de pâte brisée surgelée ou confectionnée selon la recette p. 118
- 500 g de champignons de Paris
- 1/2 oignon finement haché
- 50 g de bacon finement haché
- 2 cuillerées à soupe de soupe à l'oignon en sachet
- 1 cuillerée à soupe de farine
- 25 cl de crème fraîche
- 1 cuillerée à café de sauce Worcestershire (Perrins)
- 75 g de beurre
- 2 cuillerées à soupe d'huile d'olive
- Sel

Préparation

Oter le chapeau des champignons et les laver sous le robinet sans trop les laisser s'imbiber d'eau. • Les couper en lamelles et les réserver à couvert pour éviter une oxydation ou un changement de couleur. • Faire revenir le bacon dans un mélange de beurre et d'huile jusqu'à ce qu'il devienne croustillant, puis ajouter l'oignon. • Au bout de 5 minutes, ajouter les champignons, couvrir et laisser mijoter doucement. • **Sauce :** verser à froid la crème fraîche sur la farine en remuant soigneusement et laisser cuire. Porter à ébullition, puis incorporer la soupe aux oignons et la sauce Perrins sans cesser de remuer. • Laisser cuire 5 minutes, puis mélanger aux champignons sautés. • **Présentation :** remplir les 6 tartelettes de ce mélange.

22

Tartaletas de ensaladilla rusa

Tartelettes de salade russe

- **6 tartelettes de pâte brisée du commerce ou confectionnée selon la recette p. 118**
- **200 g de pommes de terre pelées et coupées en dés**
- **250 g de petits pois écossés**
- **250 g de betterave (facultatif)**
- **250 g de carottes nettoyées et coupées en cubes**
- **25 cl de mayonnaise en conserve ou faite maison selon la recette p. 116**
- **Sel et poivre**

Préparation

Faire cuire les carottes en même temps que les petits pois et ajouter les pommes de terre et le sel au bout de 15 minutes. • Une fois refroidis, mélanger les légumes à la mayonnaise petit à petit, de façon à ne pas trop les imprégner.

Présentation : répartir le mélange dans les 6 tartelettes.

Remarque : si l'on utilise de la betterave, la faire cuire à la cocotte minute pendant 20 minutes en gardant la peau et la tige. • Une fois refroidie, la peler et la couper en petits dés. On peut également utiliser des betteraves en conserve ou sous vide.

Œufs

23

Crêpes rellenas de revuelto de pimientos
Crêpes garnies d'œufs brouillés aux poivrons

- **12 crêpes surgelées ou faites maison selon recette p. 117**
- **6 poivrons piquillo en conserve**
- **1 oignon haché**
- **4 œufs**
- **2 œufs durs pour décorer**
- **3 cuillerées à soupe d'huile d'olive**
- **Sel**

Préparation

Si l'on a acheté des crêpes prêtes à l'emploi, les faire décongeler à température ambiante. Mettre de côté. • Hacher les poivrons et les faire revenir pendant environ 15 minutes. • Battre les œufs et les mélanger aux poivrons et au gras que ceux-ci ont laissé dans la poêle. • Remuer à feu moyen jusqu'à ce que les œufs soient figés. • Retirer la poêle du feu et continuer de remuer. Les œufs doivent rester juteux.

Présentation : répartir la garniture sur les crêpes et les plier en quatre de façon à former des triangles. • Parsemer par-dessus les œufs durs hachés.

24

Huevos duros rellenos rebozados

Œufs durs farcis en beignet

- **6 œufs**
- **100 g de chorizo**
- **Sauce béchamel (p. 114) avec 50 g de farine**
- **2 œufs durs**
- **Farine**
- **Chapelure**
- **Huile d'olive en grande quantité pour la friture**

Préparation

Confectionner la sauce béchamel avec 50 g de farine et les ingrédients de la recette dans les proportions appropriées. • Retirer la peau du chorizo, le hacher finement et l'incorporer à la béchamel. Faire cuire pendant une minute. • Faire cuire les œufs dans de l'eau salée pendant 15 minutes, les refroidir sous le robinet et les écaler. • Couper les œufs en deux, retirer le jaune et le hacher. • **Farce :** mélanger les jaunes à la béchamel au chorizo. • Remplir les blancs de ce mélange en leur donnant une forme bombée. • Les rouler dans la farine et dans l'œuf battu et faire frire dans une grande quantité d'huile chaude.

25

Huevos estrellados sobre patatas
Œufs brisés aux pommes de terre

- **1,5 kg de pommes de terre**
- **2 gousses d'ail pelées**
- **6 œufs de taille moyenne**
- **Sel**
- **Huile d'olive en grande quantité**

Préparation

Eplucher les pommes de terre et les couper dans le sens de la longueur en tranches de 3/4 centimètres d'épaisseur. Lorsque l'huile atteint une température de 175°, plonger les pommes de terre par poignées successives dans l'huile. Surveiller la température pour que les pommes de terre cuisent à l'intérieur sans dorer. Lorsqu'elles sont à point, les faire égoutter dans une passoire. • Laisser un fond d'huile dans la poêle et y remettre les pommes de terre. • Tandis que les pommes de terre se réchauffent, casser les œufs un par un par-dessus, puis les remuer de façon à les " briser ". • Saler.

26

Huevos rellenos de atún

Œufs farcis au thon

- 6 œufs
- 2 poivrons *piquillo*
- Mayonnaise du commerce ou confectionnée selon recette p. 116
- 2 cuillerées à soupe d'huile
- 1 boîte de thon à l'huile d'olive
- Pain du type baguette

Préparation

Faire cuire les œufs dans de l'eau froide salée pendant 15 minutes. Les écaler sous le robinet d'eau froide pour freiner la cuisson. Les couper en deux et retirer le jaune. Pour les faire tenir debout, couper une petite tranche sous la partie bombée. • **Farce :** mixer les jaunes écrasés avec un poivron haché, les miettes de thon et 2 ou 3 cuillerées à soupe de mayonnaise.
Présentation : remplir les blancs et poser les œufs sur 6 tranches de pain. • Couper 1 poivron en 6 petits carrés et décorer chaque œuf.

27

Revuelto de ajetes

Œufs brouillés aux pousses d'ail

- **100 g de pousses d'ail tendres**
- **4 œufs**
- **2 cuillerées à soupe de crème fraîche**
- **Sel**
- **3 cuillerées à soupe d'huile**
- **6 tartelettes de pâte brisée prête à l'emploi ou confectionnée selon recette p. 118**

Préparation

Couper les pousses d'ail au milieu de la tige et les découper en languettes de 3 cm en conservant uniquement la partie blanche. • Faire revenir dans de l'huile à la poêle jusqu'à ce qu'elles soient tendres. Assaisonner lorsqu'elles sont cuites. • Battre les œufs, ajouter une pincée de sel et les mélanger avec la crème fraîche. • Verser le mélange dans la poêle avec les pousses d'ail. • Remuer jusqu'à ce que les œufs se figent et que le mélange prenne une consistance crémeuse.

Présentation : servir cette préparation sur les tartelettes.

28

Tortilla de calabacín

Omelette aux courgettes

- 6 œufs
- 20 cl d'huile
- Mayonnaise du commerce
- 1 kg de courgettes non épluchées
- 2 oignons hachés
- Sel
- Pain du type *chapata* (sorte de pain de campagne, plat et allongé)

Préparation

Faire rissoler doucement les oignons salés dans 10 cl d'huile. • Laver les courgettes, ne pas les éplucher et les couper en fines rondelles que l'on fera rissoler avec les oignons jusqu'à ce qu'elles soient translucides. Ne pas trop prolonger cette opération pour ne pas que les courgettes se désagrègent et perdent du goût. • Retirer le tout et le placer dans une passoire pour que le jus de cuisson s'égoutte. • Une fois bien égoutté, faire chauffer dans une poêle antiadhésive contenant 10 cl d'huile. • Battre les œufs dans un bol, les saler et les verser dans la poêle contenant les courgettes, en mélangeant le tout soigneusement. • Baisser le gaz pour faire prendre les œufs doucement. • Avec un couvercle, retourner l'omelette et la laisser cuire de l'autre côté.

Présentation : une fois l'omelette froide, la couper en six portions et les placer sur six tranches de pain coupées en biais.

29

Tortilla de patatas
Omelette de pommes de terre

- **1 kg de pommes de terre**
- **200 g d'oignons hachés**
- **8 œufs de 50 g**
- **10 cl d'huile d'olive à 0,4°**
- **Sel**

Préparation

Eplucher les pommes de terre et les couper en fines rondelles. • Faire chauffer l'huile dans une poêle antiadhésive de 25 cm de diamètre et y plonger les pommes de terre. • Au bout de 5 minutes, ajouter les oignons et le sel. Maintenir à feu vif et remuer de temps en temps les pommes de terre à l'aide d'une spatule pour qu'elles n'accrochent pas, en retirant celles du fond pour les placer au-dessus. Lorsqu'elles sont tendres, les égoutter dans une passoire. • Mélanger les pommes de terre aux œufs battus en remuant une seule fois, saler si nécessaire. • Faire chauffer 3 cuillerées à soupe de l'huile restant dans la poêle et y verser le mélange lorsque l'huile commence à fumer. • Remuer la poêle pour que l'omelette n'accroche pas et arrondir les bords avec une écumoire. • Mettre à feu doux et laisser l'omelette prendre lentement.
• Lorsqu'elle est encore juteuse à l'intérieur, la retourner sur une assiette et la faire glisser à nouveau dans la poêle pour la faire dorer quelques secondes de l'autre côté.
Présentation : couper l'omelette froide en morceaux.

30

Tortilla de pimientos del piquillo y bacalao

Omelette de poivrons *piquillo* et de morue

- 100 g d'oignon haché
- 400 g de poivrons verts épépinés et hachés
- 3 gousses d'ail
- 8 poivrons *piquillo* en boîte
- 100 g de miettes de morue salée
- 8 œufs
- 5 1/2 cuillerées à soupe d'huile

Préparation

Mettre la morue à tremper pendant 12 heures en changeant l'eau à trois reprises. • Faire revenir l'oignon dans une poêle de 20 cm de diamètre. Lorsqu'il devient translucide, ajouter l'ail et les poivrons verts, jusqu'à ce qu'ils soient tendres. Ajouter ensuite les poivrons *piquillo* et la morue, et faire revenir le tout avec 1/2 cuillerée d'huile. La cuisson ne doit pas dépasser 5 minutes pour éviter que la morue ne roussisse. Assaisonner. • Battre les œufs et les incorporer au mélange. Laisser cuire l'omelette à feu très doux. Lorsqu'elle est figée mais encore juteuse à l'intérieur, la retourner sur une assiette et la faire glisser à nouveau dans la poêle pour qu'elle dore et cuise de l'autre côté.

31

Tortilla multicolor

Omelette multicolore

- 12 œufs (3 par omelette)
- Huile d'olive et sel
- 1 boîte de 150 g de thon blanc
- 2 cuillerées à soupe d'épinards surgelés
- 100 g de haricots verts mangetout
- 10 pointes d'asperge blanche en conserve
- 4 poivrons *piquillo* en conserve finement hachés
- 3 cuillerées à soupe de mayonnaise

Préparation

Omelette au thon : battre 3 œufs avec du sel et mélanger avec le thon émietté. Confectionner une omelette plate dans une poêle de 20 cm de diamètre avec 3 cuillerées à soupe d'huile. • **Omelette aux épinards et aux haricots verts :** faire cuire les haricots. Faire rissoler les épinards dans 3 cuillerées à soupe d'huile, ajouter les haricots, les œufs battus et le sel. Confectionner l'omelette. • **Omelette aux asperges :** faire chauffer les asperges dans la poêle dans 3 cuillerées à soupe d'huile, ajouter les œufs et le sel. Confectionner l'omelette. • **Omelette aux poivrons :** faire rissoler les poivrons, ajouter les œufs et du sel. Confectionner l'omelette.
Le montage : construire une tour d'omelettes en alternant les couleurs et recouvrir de mayonnaise.

Poissons et fruits de mer

32

Almejas a la marinera
Clovisses à la marinière

- **1 kg de clovisses**
- **4 gousses d'ail hachées**
- **10 cl d'huile d'olive**
- **10 cl de vin blanc**
- **20 cl de bouillon des clovisses**
- **2 cuillerées à soupe de persil haché**
- **1 cuillerée à soupe de farine**
- **Sel**

Préparation

Remuer les clovisses en les faisant s'entrechoquer pour éliminer le sable, puis les plonger dans de l'eau salée. Au bout d'une demi-heure, les laver et les faire cuire dans 20 cl d'eau. Sortir les clovisses à mesure qu'elles s'ouvrent. • Passer le bouillon et le mettre de côté. • Faire revenir l'ail dans l'huile. Avant qu'il ne commence à dorer, ajouter une cuillerée à soupe de farine délayée dans le vin et le bouillon des clovisses. • Dès le début de l'ébullition, ajouter les clovisses et saupoudrer de persil. Une ou deux minutes de cuisson suffiront.
Présentation : répartir les clovisses dans 6 cassolettes.

33

Anchoas marinadas

Anchois marinés

- **15 anchois**
- **Pain**
- **1 cuillerée à café de sel**
- **1 cuillerée à soupe de sucre**
- **4 cuillerées à soupe de vinaigre de vin rouge**
- **10 cuillerées à soupe d'huile d'olive**
- **1 feuille de laurier hachée**
- **2 cuillerées à soupe de persil haché**
- **1 cuillerée à soupe d'estragon haché**
- **Poivre moulu**

Préparation

Préparer la marinade en diluant le sel et le sucre dans le vinaigre. Ajouter ensuite les autres ingrédients : l'huile, le laurier, l'estragon et une cuillerée à soupe de persil haché. • Retirer la tête et l'arête centrale des anchois. • Séparer les filets entiers et les disposer dans un grand plat non métallique. • Les arroser avec la marinade et les recouvrir de film plastique. Laisser reposer les anchois 24 heures au réfrigérateur avant de les consommer.

Présentation : couper le pain en six tranches de 1 cm. • Arroser de quelques gouttes de marinade et disposer les filets d'anchois. • Verser par-dessus une autre cuillerée à café de marinade et saupoudrer avec le reste de persil haché.

Remarque : la durée de conservation est de dix jours.

34

Anchoas rellenas de pimientos
Anchois farcis aux poivrons

- 14 anchois
- 3 cuillerées à soupe de sauce tomate en conserve
- 3 œufs
- Farine
- 6 *ñoras* (poivrons séchés)
- 10 cl d'huile d'olive plus 3 cuillerées à soupe
- 2 cuillerées à soupe de chapelure
- 1/2 cuillerée à café de sucre
- Sel

Préparation

Laver les anchois et retirer la tête et l'arête centrale pour obtenir des filets aplatis. • **Farce :** mixer les *ñoras* au robot électrique avec 10 cl d'huile. • Faire frire la chapelure dans trois cuillerées à soupe d'huile et incorporer l'huile des *ñoras*, la sauce tomate, du sel et une pincée de sucre. • Tartiner un filet d'anchois de farce et le recouvrir avec un autre filet pour former un sandwich.

Pour finir, passer les anchois dans la farine, l'œuf battu puis de nouveau dans la farine. Les faire frire dans beaucoup d'huile.

35

Bacalao ahumado relleno de piperrada

Morue fumée farcie à la *piperade*

- **6 tranches de pain du type *chapata* (sorte de pain de campagne plat et allongé)**
- **6 tranches de morue fumée**
- **3 poivrons rouges**
- **Lamelles de ciboule**

PIPERADE :

- **2 cuillerées à soupe d'huile d'olive**
- **100 g d'oignon haché**
- **2 poivrons verts hachés**
- **1 poivron rouge en boîte**
- **2 gousses d'ail hachées**
- **3 cuillerées à soupe de sauce tomate en conserve**

Préparation

Faire griller au four les poivrons rouges enveloppés dans du papier d'aluminium pendant 1 heure. • Laisser refroidir. • Les peler et les couper en 6 morceaux. • **Piperade :** faire revenir l'oignon dans l'huile. Lorsqu'il est translucide, incorporer l'ail et les poivrons verts. Lorsque le tout est cuit, ajouter 3 cuillerées à soupe de sauce tomate et saler.

Présentation : étaler sur le plan de travail les six tranches de morue. Les farcir avec la piperade et les enrouler sur elles-mêmes. Placer un demi poivron rouge sur chaque tranche de pain.
• Disposer par-dessus les petits rouleaux de morue décorés avec des lamelles de ciboule.

36

Bocaditos de sardinas en aceite de oliva

Bouchées de sardine à l'huile d'olive

- 6 petits pains au lait allongés
- 6 sardines à l'huile d'olive en boîte
- 12 cuillerées à café de sauce tomate
- 1/2 oignon finement haché
- 1 tomate

Préparation

Retirer la peau des sardines en les raclant doucement avec un couteau et retirer l'arête centrale. On obtient ainsi des filets propres. • Plonger la tomate dans de l'eau bouillante pendant 3 minutes et l'éplucher. Découper la pulpe en petits dés. o Hacher l'oignon très finement.
Présentation : ouvrir les petits pains en deux et les arroser de quelques gouttes d'huile des sardines et de sauce tomate. • Garnir les petits pains de tomate et d'oignon hachés et de filets de sardine.

37

Bonito marinado en aceite de oliva

Bonite marinée à l'huile d'olive

- 6 tranches de pain du type *chapata* (sorte de pain de campagne plat et allongé)
- 500 g de bonite
- 75 g de bacon coupé en lamelles et frit
- 6 cuillerées à café de jus de viande concentré Maggi
- 1 cuillerée à soupe de vin doux Pedro Ximénez
- 3 cuillerées à soupe d'oignon haché
- 3 cuillerées à soupe de fromage manchego râpé
- Huile d'olive vierge
- Sel
- Poivre fraîchement moulu

Préparation

Congeler la bonite pour pouvoir la découper plus facilement en tranches très fines lorsqu'elle durcit. Etaler les tranches dans un plat. Saler, poivrer et arroser de Pedro Ximénez et de jus de viande. Recouvrir d'huile et laisser macérer de 1 à 2 heures.

Présentation : placer les tranches de bonite sur les tranches de pain. Saupoudrer de fromage et parsemer par-dessus l'oignon finement haché et le bacon.

38

Boquerones en vinagre y sardinas
Anchois frais au vinaigre et sardines

- 6 tranches de pain du type *chapata* (sorte de pain de campagne plat et allongé)
- 1 kg d'anchois frais
- 6 sardines de grande taille
- 3 poivrons rouges

MARINADE :

- 1 oignon finement haché
- 2 gousses d'ail hachées
- 1 cuillerée à soupe d'herbes aromatiques
- 8 grains de poivre gris
- 50 cl d'huile
- 10 cl de vinaigre
- Sel et deux cuillerées à soupe de sucre

Préparation

Mélanger tous les ingrédients de la marinade. • Nettoyer les anchois et les détailler en filets. Les introduire dans la marinade pendant deux heures. • Nettoyer les sardines de la même manière. Les étaler sur une plaque de four graissée, les assaisonner puis les faire griller pendant 5 minutes à 170°. • Faire griller les poivrons pendant 50 minutes après les avoir recouverts de papier d'aluminium. Les laisser refroidir dans leur papier. Une fois refroidis, les éplucher.
Présentation : étaler des lamelles de poivron sur le pain. Disposer par-dessus, en les croisant, les anchois au vinaigre et les sardines.

39

Buñuelos de bacalao
Beignets de morue

- **3/4 kg de darne de morue salée**
- **Pâte à beignet selon recette p.117**
- **Huile en grande quantité**

Préparation

Mettre la morue à tremper pendant 24 heures, en changeant l'eau à six reprises. La faire cuire dans de l'eau froide. Juste avant l'ébullition, sortir la morue de l'eau. Retirer les arêtes et la couper en morceaux réguliers. • Préparer la pâte à beignet juste avant de les faire frire, pour les déguster chauds. • Faire chauffer l'huile dans une grande poêle. Mouiller chaque morceau de morue et l'imprégner de pâte à beignet, puis faire frire jusqu'à ce que la pâte soit cuite à l'intérieur.

40

Calamares pequeños en su tinta
Petits calmars dans leur encre

- **24 calmars**
- **1 oignon haché**
- **2 gousses d'ail hachées**
- **1 poivron vert haché**
- **Huile d'olive**
- **20 cl de sauce tomate selon recette p.115**
- **Encre des calmars ou 3 sachets d'encre**
- **Sel**

Préparation

Nettoyer soigneusement les calmars en retirant la peau très fine qui les recouvre. Couper les ailerons, vider les calmars et retirer le cartilage osseux tout le long de leur corps. Mettre de côté les tentacules et une poche allongée qui contient l'encre. Laver les calmars à l'extérieur, puis les retourner comme des gants et les laver à l'intérieur. Hacher 6 calmars entiers ainsi que les tentacules et les ailerons des autres calmars. Faire revenir le tout, puis farcir avec cela les 18 autres calmars. • **La sauce :** étuver dans de l'huile l'oignon, l'ail et le poivron. Lorsque tout est à point, ajouter la sauce tomate. Ecraser les poches d'encre avec du gros sel et ajouter un peu d'eau. • Faire cuire les calmars dans cette sauce jusqu'à ce qu'ils soient tendres. • Saler si nécessaire.

Présentation : répartir les calmars dans les 6 petites cassolettes en terre cuite et servir chaud.

41

Cazuelita de garbanzos, espinacas y bacalao
Cassolette de pois chiches, d'épinards et de morue

- **250 g de pois chiches**
- **1 oignon entier épluché**
- **1 tête d'ail et deux gousses d'ail hachées**
- **200 g d'épinards surgelés**
- **150 g de miettes de morue salée**
- **10 cl d'huile d'olive**
- **Sel**

Préparation

Mettre la morue à tremper pendant 24 heures, en changeant l'eau à plusieurs reprises. • Faire tremper les pois chiches dans de l'eau salée depuis la veille. Jeter cette eau et faire cuire les pois chiches dans quatre fois leur volume d'eau ; ajouter l'oignon et la tête d'ail. Lorsque les pois chiches sont presque tendres, sortir l'oignon et la tête d'ail et les passer au presse-purée. • Dans une poêle au fond recouvert d'huile, faire revenir les deux gousses d'ail hachées, ajouter la purée d'oignon et d'ail, les épinards et la morue. • Une fois rissolé, remettre l'ensemble dans la marmite contenant les pois chiches avec du sel et laisser cuire jusqu'à ce que les pois chiches soient à point.
Présentation : répartir dans 6 cassolettes en terre cuite.
Remarque : il est impossible de préciser le temps de cuisson en raison de la qualité variable des pois chiches et de l'eau. Si l'on utilise une cocotte-minute, vérifier la cuisson au bout de 20 minutes.

42

Cocochas de bacalao

Joues de morue

- 1 kg de joues de morue
- 4 cuillerées à soupe d'huile d'olive
- 6 cuillerées à soupe d'eau
- 6 gousses d'ail hachées sans le germe
- Quelques gouttes d'huile pimentée ou de tabasco
- 4 cuillerées à soupe de persil haché
- Sel

Préparation

Mettre dans une grande poêle l'huile, l'ail haché et une pincée de sel. Faire revenir le tout sans faire dorer et laisser refroidir complètement. • Ajouter les joues et saler légèrement. Agiter la poêle avec un mouvement de va-et-vient et ajouter peu à peu 6 cuillerées à soupe d'eau à mesure que la sauce épaissit. Plus on ajoutera d'eau, moins la sauce sera liée. La quantité exacte d'eau est difficile à préciser. • Ajouter les gouttes d'huile pimentée et le persil. Une fois les joues bien cuites, les retirer du feu.

Présentation : répartir les calmars et leur jus dans 6 cassolettes.

Remarque : la sauce ne doit pas bouillir pendant la cuisson des joues.

43

Chipirones encebollados
Chipirons aux oignons

POUR DEUX PERSONNES
- **6 petits chipirons**
- **3 civettes hachées**
- **1 oignon coupé en lamelles**
- **1 poireau (partie blanche) coupé en languettes**
- **Huile**
- **Sel**

Préparation

Nettoyer les chipirons en les vidant et en retirant le cartilage interne tout le long de leur corps. Les laver et mettre de côté les tentacules. Dans une poêle contenant de l'huile très chaude, faire dorer les chipirons des deux côtés et les assaisonner. Faire revenir les tentacules séparément. Vider le jus de cuisson de la poêle. • Faire revenir les civettes, l'oignon et le poireau dans un peu d'huile et les saler. Répartir le tout dans deux assiettes et disposer les chipirons par-dessus.
Remarque : les chipirons sont de petits calmars nés en été et pêchés à l'hameçon. Les calmars fraîchement pêchés étant très durs, il convient de les laisser reposer pendant 24 heures avant de les cuisiner.

44

Ensaladilla de marisco
Salade de fruits de mer

- 8 tranches de pain du type *chapata* (sorte de pain de campagne plat et allongé)
- 2 avocats
- 1 boîte de crabe chatka
- 1 kg de crevettes
- 200 g de jambon ibérique en lamelles
- 1 laitue et 1 citron
- Mayonnaise en conserve ou faite maison selon recette p.116

Préparation

Eplucher les avocats, les couper en tranches épaisses et les arroser de jus de citron. Les recouvrir de film plastique et les mettre de côté. • Emietter le crabe chatka. • Faire cuire les crevettes dans de l'eau salée en veillant qu'elles ne soient pas trop cuites. Dès qu'elles changent de couleur, les retirer et les décortiquer. • Découper le jambon en languettes et les faire frire pour qu'elles soient croustillantes. • Hacher la laitue bien lavée et la mettre au réfrigérateur.
Présentation : disposer les avocats et un peu de mayonnaise sur le pain. Placer ensuite la laitue, le crabe chatka, des crevettes, encore un peu de mayonnaise et un peu plus de laitue. Placer au centre les lamelles de jambon.

45

Frito mixto andaluz

Friture mixte andalouse

- Une castagnole en filets
- 250 g de petits rougets
- 300 g de petits calmars du type *chopito* ou *puntilla*
- 250 g d'anchois frais
- 250 g d'anneaux de calmar
- Farine de céréales (spéciale pour friture de poisson)
- Sel

Apprêt :

- 3 gousses d'ail
- 2 feuilles de laurier
- 1 petit verre de vin blanc
- 1 cuillerée à soupe de vinaigre
- 25 cl d'huile
- 2 cuillerées à soupe de *pimentón* doux (paprika)
- Sel

Préparation

Oter la tête des anchois et retirer l'arête à travers cet orifice. S'ils sont très petits, il n'est pas nécessaire d'enlever l'arête. • Couper les filets de castagnole en petits morceaux et les immerger dans un apprêt composé des ingrédients mentionnés ci-dessus. • Assaisonner les poissons qui ne sont pas marinés, puis fariner tous les poissons et les faire frire dans une bonne quantité d'huile très chaude. Egoutter sur du papier absorbant.

Présentation : disposer le poisson dans un plat en le regroupant par espèce.

46

Gambas a la gabardina

Crevettes à *la gabardina*

- 500 g de crevettes
- 2 l d'eau
- 2 cuillerées à soupe de sel marin
- 2 feuilles de laurier. Sel

PÂTE:

- 250 g de farine
- 2 œufs
- 15 cl de lait
- 2 cuillerées à soupe d'huile
- 1 cuillerée à café de levure en poudre Royal
- 1 cuillerée à café de sel fin
- Huile en grande quantité pour la friture

Préparation

Faire chauffer l'eau avec le laurier et le sel. Lorsqu'elle parvient à ébullition, y plonger les crevettes pendant 2 minutes et demie. Elles doivent être à moitié cuites. • Retirer la tête des crevettes et les décortiquer, en ne laissant que la queue. • **La pâte :** mélanger la farine avec la levure, ajouter les œufs battus, le sel, l'huile et le lait, en remuant jusqu'à obtenir une pâte homogène. • Enrober chaque crevette de pâte en laissant dépasser la queue et faire frire immédiatement. L'huile ne doit pas être trop chaude, l'extérieur roussirait excessivement et l'intérieur resterait cru.

Remarque : le temps de cuisson des crevettes dépend du poids de la pièce. Celles utilisées dans cette recette pèsent 25 grammes, soit 20 pièces pour 500 g.

47

Gambas al ajillo
Crevettes à l'ail

- **300 g de crevettes entières**
- **10 cl d'huile**
- **5 gousses d'ail pelées et hachées**
- **4 petits morceaux de piment**
- **Sel**

Préparation

Décortiquer les crevettes crues et les réserver. • Verser l'huile, l'ail haché et le piment dans un poêlon. Faire chauffer sans que l'ail ne roussisse, puis ajouter les crevettes et assaisonner modérément en remuant jusqu'à ce qu'elles changent de couleur. Servir très chaud.
Remarque : les quantités indiquées correspondent à une cassolette individuelle.

48

Hígado de bacalao y huevas de salmón

Foie de morue aux œufs de saumon

- **1 boîte de 250 g de foie de morue**
- **1 petite boîte d'œufs de saumon**
- **6 petits toasts rectangulaires**
- **1 branche de céleri**
- **2 cuillerées à soupe de purée de pommes de terre en flocons**
- **1 cuillerée à soupe d'huile**
- **Sel et noix de muscade**

Préparation

Le foie de morue doit être conservé très froid au réfrigérateur. • **Purée :** faire cuire à la cocotte-minute une branche de céleri. Au bout de 15 minutes, passer le liquide et confectionner une purée épaisse avec les flocons de pommes de terre, une cuillerée à soupe d'huile et un peu de bouillon du céleri.

Présentation : diviser la purée en six parts pour tartiner les petits toasts. Disposer par-dessus le foie de morue et décorer avec des œufs de saumon.

49

Marmitako

- 20 cl d'huile
- 2 oignons hachées
- 3 poivrons verts coupés en rondelles
- 4 poivrons *piquillo* en conserve coupés en petits morceaux
- 4 gousses d'ail hachées
- 2 kg de pommes de terre
- 1 kg de thon
- 15 cl de sauce tomate élaborée selon recette p. 115
- Sel et poivre
- 1 feuille de laurier

Préparation

Faire revenir les oignons dans l'huile. Saler et ajouter l'ail et les poivrons verts. Lorsqu'ils sont presque cuits, ajouter les poivrons *piquillo*. • Après avoir préparé cette base, y joindre les pommes de terre coupées en morceaux moyens. • Couvrir d'eau et ajouter la sauce tomate et le laurier, et laisser cuire jusqu'à ce que les pommes de terre soient tendres. Saler de nouveau si nécessaire. • Ajouter les morceaux de thon et laisser mijoter 15 minutes.

Présentation : servir le ragoût dans 6 cassolettes.

50

Mejillones rellenos fritos
Moules farcies frites

- **20 moules**
- **50 g de beurre**
- **Une cuillerée à soupe d'huile d'olive à 0,4°**
- **1/2 civette hachée**
- **50 g de farine**
- **30 cl de lait**
- **Une cuillerée à soupe de vin blanc**
- **Sel**
- **Poivre**

Préparation

Laver et racler les coquilles des moules. Les faire ouvrir à la vapeur. Couvrir et lorsque l'eau arrive à ébullition, attendre que les coquilles s'ouvrent. Vider les moules lorsqu'elles sont cuites. Réserver les coquilles.

Sauce : faire fondre le beurre avec une cuillerée à soupe d'huile et faire revenir la civette hachée. Lorsque celle-ci devient translucide, ajouter la farine. Ajouter ensuite le vin et le lait jusqu'à obtenir une crème épaisse. Assaisonner. • Ajouter les moules, les laisser cuire quelques secondes dans la sauce, puis les mixer au robot et remplir les coquilles de ce mélange chaud. Une fois refroidies, les passer dans l'œuf et la chapelure et les faire frire.

51

Merluza frita

Friture de colin

- **6 tranches de pain du type *chapata* (sorte de pain de campagne plat et allongé)**
- **6 filets de colin de 100 g chacun**
- **6 feuilles de laitue**
- **2 œufs**
- **Mayonnaise confectionnée selon recette p.116**
- **Farine pour friture**
- **Sel**
- **Huile de friture en grande quantité**

Préparation

Demander au poissonnier de découper six filets au centre du colin. • Les assaisonner et les passer dans l'œuf et la farine. Faire frire dans une grande quantité d'huile bien chaude de façon à obtenir une croûte. Baisser ensuite la température de l'huile pour les faire cuire à l'intérieur. **Présentation :** verser sur chaque tranche de pain une cuillerée à soupe de mayonnaise, placer une feuille de laitue puis un peu plus de mayonnaise. Terminer par le filet de colin frit.

52

Picadillo de mariscos con salsa rosa

Salade de fruits de mer sauce rose

- **6 tranches de pain du type *chapata***
- **1 kg de baudroie coupée en dés dans la partie centrale**
- **10 bâtons de surimi hachés**
- **300 g de gros bouquets décortiqués**
- **6 coquilles Saint-Jacques**
- **40 cl de sauce rose (p.116)**
- **2 cuillerées à soupe d'huile, sel et poivre**

Préparation

Si l'on achète de la baudroie surgelée, elle se réduira à 400 g lors de la cuisson. La perte de poids est inférieure pour le poisson frais. Placer la baudroie dans une passoire et l'immerger dans une casserole d'eau bouillante, jusqu'à ce qu'elle soit cuite. Réserver dans une jatte. • Faire cuire les bouquets décortiqués de la même façon que la baudroie et réserver dans la même jatte. • Hacher les bâtons de surimi et les ajouter aux autres ingrédients. • Ouvrir les coquilles Saint-Jacques et retirer le fond noir. • Détacher le corail soigneusement pour ne pas le briser et le faire revenir dans très peu d'huile. Mettre de côté pour la décoration. Hacher la chair blanche de la coquille Saint-Jacques et la faire cuire légèrement. L'ajouter à la même jatte. • Mélanger 30 cl de sauce rose au poisson, saler et poivrer.

Présentation : répartir ce mélange sur les tranches de pain. Avec le reste de la sauce, former des rosaces sur les tapas et décorer avec le corail des coquilles Saint-Jacques.

53

Pulpo a la gallega
Poulpe à la galicienne

- **2 barquettes de poulpe cuit**
- **2 cuillerées à soupe de *pimentón* doux (paprika)**
- **1 cube de bouillon de poisson concentré**
- **2 feuilles de laurier**
- **Sel marin à saupoudrer sur le poulpe**
- **1 cuillerée à café de sel marin pour le bouillon**
- **20 cl d'huile d'olive**

Préparation

Plonger le poulpe pendant 15 minutes dans un bouillon préparé avec le cube de concentré, le laurier et le sel. Le retirer avec l'écumoire, l'égoutter soigneusement et l'étaler dans un plat.

Présentation : saupoudrer le poulpe de sel et de *pimentón* et verser l'huile par-dessus. Ajouter un peu de *pimentón*.

Remarque : si l'on achète du poulpe cru, le faire cuire pendant 3 heures avec du laurier et un bouchon de liège, et le laisser refroidir dans le jus de cuisson.

54

Salpicón de mariscos

Salpicón de fruits de mer

- **1 civette coupée en languettes**
- **1,5 kg de petites crevettes du type caramote de 50 g chacune**
- **1 kg de moules**
- **3 gambons écarlates**
- **10 cl d'huile d'olive vierge**
- **2 cuillerées à soupe de vinaigre de xérès**
- **Sel**
- **Laurier**

Préparation

Faire bouillir un litre d'eau avec 40 g de sel et deux feuilles de laurier. En pleine ébullition, plonger les crevettes et les gambons. Les crevettes doivent cuire 90 secondes et les gambons 1 ou 2 minutes de plus (selon la taille). Les retirer à mesure qu'ils sont cuits et laisser refroidir. • Lorsqu'ils sont froids, les décortiquer et les couper en petits morceaux. • Laver soigneusement les coquilles des moules et les mettre dans une poêle avec un peu d'eau pour les faire cuire. A mesure qu'elles s'ouvrent, extraire les moules de leur coquille. • Confectionner une vinaigrette. Pour cela, délayer le sel dans le vinaigre et battre avec l'huile. Ajouter la civette et les fruits de mer. Il est préférable de laisser reposer quelques heures avant de servir.

55

Setas y gambas gratinadas

Gratin de champignons et de crevettes

- **3 petits pains ronds de 6 cm de diamètre**
- **4 cuillerées à soupe d'huile d'olive**
- **4 gousses d'ail hachées**
- **300 g de champignons de Paris ou autres**
- **150 g de bacon coupé en languettes**
- **200 g de crevettes décortiquées**
- **15 cl de crème fraîche**
- **6 cuillerées à soupe de fromage râpé**
- **6 cuillerées à café de persil haché**
- **Sel et poivre**

Préparation

Faire frire le bacon dans l'huile. Dès qu'il est croustillant, ajouter l'ail et les champignons coupés en lamelles. Laisser frire, puis ajouter la crème fraîche et laisser cuire jusqu'à réduction du liquide. • Ajouter les crevettes et retirer du feu lorsqu'elles sont cuites.

Présentation : couper les petits pains en deux. Verser sur le pain un peu de jus de cuisson, puis répartir la préparation. Saupoudrer de fromage et gratiner au four. • Pour terminer, ajouter un peu de persil haché.

56

Tapa de patatas y salmón ahumado
Tapa de pommes de terre et de saumon fumé

- 1 pain du type *chapata* (sorte de pain de campagne plat et allongé)
- 3 pommes de terre épluchées et coupées en rondelles de 1 cm d'épaisseur
- 3 tranches de saumon fumé
- 6 cuillerées à soupe de mayonnaise en conserve ou faite maison selon recette p. 116
- 1 cuillerée à café d'aneth sec
- 1 yaourt nature

Préparation

Ajouter à la mayonnaise une cuillerée à soupe de yaourt et d'aneth. • Faire cuire les pommes de terre dans de l'eau salée en les faisant légèrement bouillir.

Présentation : couper 6 tranches de pain. Etaler de la mayonnaise, recouvrir de deux ou trois rondelles de pommes de terre bouillies, couvrir à nouveau de mayonnaise et ajouter par-dessus une demi tranche de saumon.

57

Tapa de salmón y espárragos trigueros
Tapa de saumon et d'asperges sauvages

- **6 tranches de pain du type *chapata* (sorte de pain de campagne plat et allongé)**
- **3 tranches de saumon fumé**
- **30 asperges sauvages**
- **6 tiges de ciboule**
- **Sauce pour poisson fumé selon recette p. 115**

Préparation

Faire cuire la ciboule pendant une minute au micro-ondes ou 2 minutes dans une casserole avec un peu d'eau. • Couper les queues des asperges pour les réduire à une longueur de 8 cm. Les attacher en deux bottes et les faire cuire dans de l'eau bouillante salée, les pointes vers le haut. Lorsqu'elles sont <<al dente>>, les sortir de la casserole et les plonger dans une autre casserole d'eau glacée. Retirer et détacher les deux bottes. Former à nouveau des petites bottes de 5 asperges en les attachant avec les tiges des ciboules.

Présentation : couper le pain en tranches allongées, couvrir de sauce et étaler dessus le saumon badigeonné d'huile d'olive. Terminer par la petite botte d'asperges.

58

Tapa de sardinas y mejillones
Tapa de sardines et de moules

PÂTÉ DE SARDINES :
- **1 boîte (150 g) de sardines à l'huile d'olive**
- **1 boîte (150 g) de moules en escabèche**
- **50 g de fromage à tartiner du type Filadelfia**
- **50 g de beurre**

SAUCE AUX POIVRONS :
- **1 poivron rouge**
- **10 cl de crème fraîche**
- **Sel et poivre**

- **Petits toasts rectangulaires**

Préparation

Sauce aux poivrons : faire griller au four à 160° un poivron enveloppé de papier d'aluminium. Au bout d'une heure, éteindre le four et laisser refroidir le poivron à couvert avant de le peler. • Placer dans le bol du robot électrique la moitié du poivron grillé. Ajouter la crème fraîche, le sel et le poivre gris. Mixer le tout. • **Pâté de sardines :** retirer l'arête centrale et malaxer les sardines avec le fromage et le beurre souple.

Présentation : étaler la sauce aux poivrons sur les petits toasts. Façonner avec deux petites cuillères une croquette de pâté que l'on place par-dessus. • Terminer par une moule en escabèche.

59

Tartaletas de gulas

Tartelettes aux civelles

- **6 tartelettes de pâte brisée achetée dans le commerce ou faite maison (p. 118)**
- **200 g de civelles**
- **20 cl d'huile d'olive**
- **3 gousses d'ail hachées**
- **2 piments coupés en petits morceaux**
- **Sel (très peu)**

Préparation

Préparer tout d'abord les tartelettes. Aussi bien pour la pâte surgelée que faite maison, l'étaler soigneusement pour former une abaisse fine. Une fois cuites, laisser refroidir les tartelettes, puis les démouler. • Placer les civelles légèrement salées dans un plat creux. Faire frire séparément l'ail et les piments dans une poêle. Lorsque l'huile commence à frissonner, la verser sur les civelles et remuer pour qu'elles s'imprègnent bien d'huile. Celles-ci doivent être juteuses.
Présentation : répartir les civelles sur les tartelettes et servir très chaud.

Viandes et volailles

60

Albóndigas

Boulettes de viande

- 500 g de viande de bœuf hachée
- 3 saucisses
- 40 g de poitrine fumée
- 4 tranches de pain de mie
- 10 cl de crème fraîche
- 2 œufs
- 1 gousse d'ail finement hachée
- 1 cuillerée à soupe de persil
- Farine et sel

SAUCE :
- 1 oignon haché
- 1 carotte finement hachée
- 1/2 tomate pelée et coupée
- 1 cuillerée à soupe de farine grillée
- 20 cl d'huile
- 1 cube de jus de viande concentré. Sel

Préparation

Demander au boucher de hacher la poitrine fumée avec la viande. Ajouter la chair des saucisses sortie du boyau. • Tremper le pain dans la crème fraîche et le placer dans le bol du mixeur avec les œufs, le sel, l'ail haché et le persil. Mixer l'ensemble, puis le mélanger à la viande. Pétrir, former des boulettes et les rouler dans la farine. Plonger ces boulettes dans l'huile très chaude, de sorte que l'enrobage de farine forme une croûte. • **Sauce :** faire revenir l'oignon jusqu'à le rendre translucide, puis ajouter la carotte, la tomate et le sel. Incorporer la farine grillée, 2 verres d'eau et un cube de concentré de jus de viande. Laisser cuire 30 minutes, puis passer au presse-purée. • Faire chauffer les boulettes dans la sauce pendant 15 à 20 minutes.

61

Brocheta de solomillo ibérico adobado

Brochette de filet de porc ibérique mariné

- **1 filet de porc (300 g)**

MARINADE :

- **1/2 oignon en lamelles**
- **2 gousses d'ail hachées**
- **1 feuille de laurier hachée**
- **1 cuillerée à soupe d'herbes aromatiques**
- **2 cuillerées à soupe de *pimentón* (paprika) fort**
- **1 cuillerée à soupe de sauce de soja**
- **10 cl de vinaigre de xérès**
- **1 verre d'huile d'olive. Sel**
- **Poivre fraîchement moulu**

Préparation

Préparer la marinade en mélangeant tous les ingrédients. • Dégraisser et dénerver le filet, le couper en cubes, puis le plonger dans la marinade pendant 2 heures.

Présentation : enfiler les cubes de viande sur des brochettes en bois, en comptant 3 cubes sur chaque brochette. Faire revenir rapidement dans l'huile.

62

Caldereta de cordero
Ragoût d'agneau

- 1 kg de viande d'agneau coupée en morceaux
- 2 oignons finement hachés
- 2 poivrons verts hachés
- 10 cl d'huile d'olive
- 12 petites pommes de terre nouvelles pelées
- 4 gousses d'ail
- 3 feuilles de laurier
- 2 cuillerées à soupe de persil frais haché
- 1 cuillerée à soupe de *pimentón* (paprika) doux
- 1 cuillerée à café de sel de mer
- Poivre fraîchement moulu
- 1 cuillerée à soupe de vinaigre de vin rouge
- 1 cuillerée à soupe rase de farine

Préparation

Faire revenir les oignons et les poivrons dans l'huile. Ajouter les morceaux d'agneau légèrement salés. Faire sauter l'ensemble quelques secondes. • Piler l'ail, le laurier et le persil, le *pimentón*, le sel et le poivre et faire dissoudre le tout dans le vinaigre et un peu d'eau. Verser sur le ragoût et couvrir entièrement d'eau. • Une demi-heure plus tard, ajouter les pommes de terre et mettre sur le feu jusqu'à cuisson complète. Incorporer la farine diluée dans un peu d'eau pour lier la sauce et amener à ébullition.

Présentation : répartir dans 6 cassolettes et servir très chaud.

63

Callos a la madrileña

Tripes à la madrilène

- 1,5 kg de tripes
- 500 g de museau de porc coupé
- 1 pied de veau désossé et coupé en morceaux
- 200 g de jambon *serrano* (jambon cru)
- 8 poivrons secs
- 100 g de chorizo doux (pas trop sec)
- 1 *morcilla* (sorte de boudin noir, facultatif)
- Sel et poivre en grain
- 10 cl d'huile d'olive
- 2 oignons hachés
- 4 gousses d'ail hachées
- 1 tasse de sauce tomate (voir recette p. 115)
- 2 tasses de bouillon des tripes
- 1 petit morceau de piment ou quelques gouttes de Tabasco

Préparation

Plonger les tripes et le museau dans l'eau additionnée d'une bonne rasade de vinaigre et de sel de mer. Une heure plus tard, les rincer à l'eau froide. • Les mettre à cuire dans l'eau à la cocotte minute, puis ajouter le jambon, les poivrons secs et une quinzaine de grains de poivre gris. Au bout de 45 minutes, vérifier le degré de cuisson et ajouter le chorizo et suivant les goûts, une *morcilla*. Faire cuire 20 minutes supplémentaires. • Pour la sauce, faire revenir l'oignon et l'ail dans l'huile. Attendre qu'ils deviennent translucides, puis ajouter la sauce tomate, l'eau de cuisson des tripes et le piment. Passer ensuite au presse-purée et verser sur les tripes et le museau. Ajouter le chorizo (et éventuellement la *morcilla*) coupé en rondelles.

64

Canapé de chorizo de Pamplona
Canapé de chorizo de Pampelune

- 6 tranches de pain de mie
- 6 tranches de fromage *manchego* (tome de brebis ou de vache)
- 6 rondelles de chorizo de Pamplona
- 6 œufs
- 3 cuillerées à soupe de crème fraîche
- 6 cuillerées à soupe d'huile d'olive
- 50 g de nouilles vertes. Sel

Préparation

Pâtes : faire cuire les pâtes <<al dente>>, les égoutter et les faire revenir dans une cuillerée à soupe d'huile. **Omelettes :** battre les œufs avec la crème fraîche et une pincée de sel. Faire chauffer l'huile dans une poêle de 7 cm de diamètre et confectionner 6 omelettes. **Présentation :** déposer une omelette sur chaque tranche de pain, recouvrir d'une tranche de fromage et enfin du chorizo. Découper le pain avec un emporte-pièce pour obtenir des canapés ronds. Utiliser le reste des omelettes et des pâtes pour la décoration.

65

Chistorra con queso gratinada
Chistorra au fromage gratinée

- **250 g de chistorra (sorte de chorizo)**
- **6 tranches d'emmental**

Préparation

Couper la chistorra en morceaux de 2 cm et les répartir dans 6 ramequins. • Recouvrir la chistorra avec les tranches d'emmental et mettre au four jusqu'à ce que le fromage soit fondu.

66

Chuletitas de cordero con besamel
Côtelettes d'agneau à la béchamel

- **6 côtelettes d'agneau**
- **Sauce béchamel (voir recette p. 114)**

ENROBAGE :
- **Œufs battus**
- **Farine**
- **Chapelure**

Préparation

Désosser les côtelettes. Les saler et les faire revenir dans l'huile. La viande doit rester rosée. • Préparer la béchamel suivant la recette, en utilisant 60 g de farine au lieu de 30. • Plonger les côtelettes l'une après l'autre dans la béchamel chaude, et laisser refroidir sur une plaque graissée. Passer les côtelettes refroidies dans la farine, les œufs et la chapelure, puis les faire dorer dans un bain de friture.

67

Empanadillas de carne

Friands à la viande

- Pâte feuilletée congelée ou pâte à friands du commerce ou faite maison (voir recette p. 118)
- 200 g de viande rôtie ou cuite
- 10 cl de sauce tomate (p. 115)
- Quelques gouttes de sauce Worcestershire (Perrins)
- Quelque gouttes de Tabasco (facultatif)
- 1 œuf battu
- Sel

Préparation

Passer la viande au mixeur et y incorporer la sauce tomate et la sauce Perrins. Relever à sa convenance en ajoutant quelques gouttes de Tabasco. Saler. • Etaler la pâte et former des ronds de 7 cm de diamètre. Répartir la garniture sur ceux-ci et les replier en les soudant avec un peu d'œuf battu. Dessiner des stries sur les bords à l'aide d'une fourchette. • Faire frire dans beaucoup d'huile.

Remarque : la pâte peut être faite à l'avance, mais les friands doivent être frits dès qu'ils ont été garnis.

68

Hígado de pato con cebolla confitada
Foie de canard au confit d'oignons

- Pain du type *chapata* (sorte de pain de campagne plat et allongé)
- Foie de canard frais
- 20 cl de vin doux Pedro Ximénez
- Sel et poivre fraîchement moulu
- 1 kg d'oignons émincés
- 100 g de beurre
- 2 cuillerées à soupe d'huile d'olive à 0,4°
- 160 g de sucre
- 25 cl de vin rouge
- 10 cl de vinaigre balsamique
- Sel

Préparation

Confit d'oignons : dans une cocotte à fond épais antiadhésive, faire fondre le beurre mélangé à l'huile et ajouter les oignons. Faire revenir 5 minutes, puis ajouter le vin rouge, le vinaigre, le sucre et un peu de sel. Laisser mijoter à feu très doux jusqu'à évaporation complète du liquide. • Mettre le vin doux Pedro Ximénez à chauffer, le faisant réduire de moitié. • **Foie de canard :** plonger le foie de canard dans l'eau froide pendant 12 heures. Retirer les restes de fiel et de sang. • Séparer les deux lobes et les dénerver à l'aide d'un torchon. Y découper des filets que l'on fera dorer dans leur propre graisse sans les laisser trop cuire.

Présentation : tartiner le pain du confit d'oignons, y déposer le foie arrosé de vin doux Pedro Ximénez. On confectionnera ainsi une quinzaine de tapas.

69

Lomo adobado y manzanas caramelizadas
Echine de porc marinée aux pommes caramélisées

- **6 tranches de pain de mie**
- **6 tranches ou 275 g d'échine de porc marinée**
- **Huile d'olive pour faire revenir les tranches de viande**
- **3 pommes Golden (250 g approx.)**
- **75 g de sucre pour caraméliser plus 2 cuillerées pour la compote de pommes**
- **Sel**

Préparation

Faire dorer les tranches de porc sans les saler. • Peler une pomme et la couper en 12 quartiers de taille similaire. Déposer ces quartiers dans une casserole en les recouvrant d'eau. Mettre sur le feu. Une fois les pommes cuites, vider presque entièrement l'eau de cuisson. Ajouter le sucre jusqu'à ce que le caramel se forme. Détacher ensuite les quartiers de pomme encore chauds pour les déposer sur chacune des tranches de viande. • Faire cuire les 2 pommes restantes dans l'eau additionnée de sucre et les écraser.

Présentation : étaler la compote de pommes sur les tranches de pain, puis y déposer la viande accompagnée des pommes caramélisées.

Remarque : il est conseillé d'utiliser de l'échine de porc ibérique marinée. Elle est plus chère, mais plus goûteuse et plus tendre.

70

Morcilla de Burgos con manzana
Morcilla de Burgos aux pommes

- 1 *morcilla* de Burgos (sorte de boudin noir)
- 2 pommes reinette
- 1 citron
- Pain du type baguette

Préparation

Couper une pomme en dés et l'autre en quartiers minces. Arroser de quelques gouttes de citron. • Hacher grossièrement la *morcilla* sortie de son boyau pour obtenir des morceaux. Faire chauffer une poêle à sec et y jeter la *morcilla* ainsi que les dés de pomme. Une fois la pomme cuite, retirer du feu.

Présentation : couper le pain en tranches que l'on couvrira de *morcilla*. • Accompagner de quartiers de pommes.

71

Morcilla de Burgos con pimiento verde

Morcilla de Burgos au poivron vert

- **6 tranches de pain du type *chapata* (sorte de pain de campagne plat et allongé)**
- **3 poivrons verts**
- **2 *morcillas* de Burgos (sorte de boudin noir)**
- **Huile d'olive**

Préparation

Couper les poivrons en 2 dans le sens de la longueur et la *morcilla* en rondelles de 2 cm. o Faire revenir les poivrons à la poêle dans un fond d'huile et dès qu'ils sont tendres, les retirer et les incorporer aux *morcillas* également revenues.

Présentation : couper les tranches de pain en biais. Déposer sur chacune d'entre elles 1/2 poivron vert et une rondelle de *morcilla*.

72

Plato de Jabugo

Assiette de Jabugo

- 6 tranches de jambonneau salé
- 6 tranches de jambon cru de Jabugo
- 12 tranches d'échine de porc de Jabugo
- 12 rondelles de chorizo de Jabugo
- Petits morceaux de pain

Préparation

Tout le travail se limite à l'achat d'une charcuterie de bonne qualité, d'un prix élevé. Ce plat savoureux, singulier et typique, est de plus en plus apprécié dans le monde entier.

Présentation : disposer les différentes sortes de charcuterie en quatre parts dans le plat de service avec une pyramide de petits morceaux de pain au centre.

73

Pollo al ajillo
Poulet à l'aïoli

- 1 poulet coupé en morceaux
- 3 gousses d'ail hachées
- 6 gousses d'ail en chemise
- 5 cl de vin blanc de xérès
- 20 cl d'huile d'olive
- Sel

Préparation

Rouler les morceaux de poulet dans l'ail haché et le sel. • Faire chauffer l'huile dans une cocotte en terre cuite, la laisser tiédir, y jeter le poulet et les gousses d'ail en chemise et les faire bien dorer. Mouiller avec le vin et amener à ébullition jusqu'à évaporation complète.
Présentation : servir directement dans la cocotte.

74

Rabo de buey
Queue de bœuf

- **2 queues de bœuf coupées en morceaux**
- **4 oignons émincés**
- **2 carottes coupées en morceaux**
- **6 gousses d'ail écrasées**
- **20 cl d'huile d'olive**
- **2 cuillerées à soupe de brandy**
- **3 tours de moulin de poivre gris**
- **Vin rouge en quantité suffisante pour couvrir largement les queues**
- **Sel**

Préparation

Disposer les queues côte à côte dans une cocotte. • Faire revenir les oignons à part dans l'huile jusqu'à les rendre translucides, puis ajouter l'ail et les carottes. Saler, poivrer et verser sur les queues. Ajouter brandy et une quantité suffisante de vin rouge pour recouvrir largement les queues. Couvrir la cocotte. • Porter à forte ébullition, puis enfourner à 100°. Au bout de 4 heures, vérifier si les queues sont bien tendres, les sortir et les ranger dans un plat. Dégraisser le jus de cuisson et le verser sur les queues. • Servir très chaud.

Remarque : ce plat peut être réalisé à la cocotte-minute pendant 40 minutes, mais la cuisson doit être surveillée de près afin de ne pas le laisser trop cuire.

75

Roastbeef sobre mostaza verde

Rosbif à la moutarde verte

- 1,5 kg de rosbif
- 6 tranches de pain du type *chapata* (sorte de pain de campagne plat et allongé)
- 1 pot de moutarde verte
- 1 cornichon au vinaigre
- Huile d'olive
- Sel et poivre

Préparation

Il faudra faire rôtir 1 kg ou 1,5 kg de viande pour en tirer 6 tranches fines. Assaisonner et arroser d'huile. • Faire rôtir 20 minutes par kilo à 190°. Laisser reposer. Couper en 6 tranches fines.

Présentation : enduire de moutarde chaque tartine de pain. Enrouler les tranches de rosbif sur elles-mêmes et les déposer sur le pain. Décorer d'une lamelle de cornichon au vinaigre.

Remarque : on peut utiliser les restes de rosbif pour d'autres plats.

76

Salchichitas en hojaldre
Feuilletés à la saucisse

- **12 petites saucisses**
- **1 rouleau de pâte feuilletée surgelée**
- **Moutarde douce**
- **50 cl de vin blanc**
- **1 œuf battu**

Préparation

Piquer les saucisses pour éviter qu'elles n'éclatent à la cuisson et les mettre à bouillir dans le vin. Laisser refroidir complètement et les enduire de moutarde. • Etaler légèrement la pâte et la couper en bandes d'une taille inférieure à celle des saucisses. • Enrouler les saucisses dans la pâte, souder les bords avec l'œuf et les badigeonner avec celui-ci. Passer au four à 180° pendant 20-25 minutes.

Présentation : décorer avec des poivrons de Guernica.

Remarque : on peut également utiliser d'autres sortes de charcuterie comme des petits chorizos pour cocktail ou des *chistorras* (sorte de saucisse basque).

77

Solomillo ibérico con salsa de pimientos
Filet mignon de porc ibérique sauce aux poivrons

- **6 tranches de baguette**
- **6 tranches de filet mignon de porc ibérique**
- **3 poivrons rouges *piquillo* en conserve**
- **10 cl de crème fraîche**
- **Sel et poivre**

Préparation

Assaisonner les tranches de viande et les faire revenir dans l'huile d'olive. • Mettre les poivrons à cuire dans une casserole avec la crème fraîche, saler et poivrer. Attendre l'ébullition, puis les sortir et les mixer dans un robot.

Présentation : tartiner les tranches de pain d'un peu de sauce aux poivrons. Y déposer la viande et couvrir à nouveau de sauce.

78

Solomillo ibérico y queso azul

Filet mignon de porc ibérique au fromage bleu

- 6 tranches de baguette
- 150 g de filet mignon de porc ibérique en tranches
- 50 g d'oignon très finement haché
- 4 cuillerées à soupe d'huile d'olive
- 100 g de fromage bleu des Asturies
- 100 g de fromage à tartiner du type Filadelfia
- Sel

Préparation

Faire revenir l'oignon dans 3 cuillerées à soupe d'huile jusqu'à ce qu'il soit bien doré. • Mettre les fromages à ramollir 1 minute au four puis, après les avoir bien travaillés à la fourchette, les verser dans une poche munie d'une douille crénelée de 0,5 cm. • Assaisonner les 6 tranches de filet mignon et les faire dorer dans la cuillerée d'huile restante.

Présentation : étaler l'oignon sur les 6 tranches de pain. Y déposer les filets de viande que l'on décorera d'une rosace de fromage.

79

Tapa de cebollitas glaseadas y foiegras de pollo

Tapa de petits oignons glacés à la mousse de foies de volaille

- **6 tranches de pain dorées dans l'huile, ail et persil**

MOUSSE DE FOIE :

- **250 g de foies de volaille**
- **75 g de beurre**
- **1 cuillerée à soupe de xérès oloroso**
- **1 cuillerée à soupe d'herbes aromatiques**
- **1 cuillerée à café de sucre**
- **Sel et poivre**

PETITS OIGNONS CARAMÉLISÉS :

- **10 petits oignons français**
- **100 g de sucre**
- **2 cuillerées à soupe d'huile**
- **30 cl d'eau, sel**

Préparation

Mousse de foie : nettoyer les foies de volaille en les débarrassant des traces verdâtres de fiel. Les mettre à cuire dans une casserole avec le beurre, le xérès, les herbes, le sel, le sucre et le poivre. Les foies de volaille doivent rester rosés dans le beurre fondu. Mixer. • **Petits oignons :** mettre à chauffer 100 g de sucre et quelques gouttes de citron dans une casserole jusqu'à obtenir un caramel. Y ajouter les petits oignons, les enrober de caramel puis les couvrir d'eau et d'un filet d'huile. Saupoudrer d'un peu de sel et laisser cuire doucement jusqu'à évaporation du liquide. **Présentation :** disposer côte à côte sur chaque tranche de pain des oignons et une rosace de foie gras.

80

Tapa de foiegras, aguacate y jamón de pato
Tapa de foie gras, d'avocat et de magret de canard

- **6 tranches de baguette**
- **100 g de mousse de foie gras de canard en boîte ou en conserve**
- **50 g de magret de canard emballé sous vide**
- **1 avocat**

Préparation

Plonger le sachet de plastique contenant le magret de canard dans l'eau chaude. Les tranches se sépareront ainsi plus facilement. • Peler l'avocat et le partager en deux ou dans le sens de la longueur, le noyau restant incrusté dans l'une des moitiés ; pour ne pas abîmer la chair, piquer le noyau avec un couteau, il sortira plus facilement. Couper la pulpe en petites tranches de 0,5 cm. **Présentation :** tartiner les tranches de pain de foie gras et y déposer 2 lamelles d'avocat alternées avec le jambon.

81

Tartaletas de picadillo de chorizo

Canapés de chorizo émietté

- **500 g de hachis de porc ou 1 kg de chorizo frais**
- **6 tranches de pain du type *chapata* (sorte de pain de campagne plat et allongé)**

Préparation

Placer le hachis dans une poêle chaude à sec et laisser jusqu'à cuisson complète en remuant.

Présentation : étaler la farce très chaude sur le pain et servir.

Remarque : c'est avec du hachis de porc tout prêt que l'on confectionne les chorizos. Dans de nombreuses régions de Castille, on peut le trouver en vrac. Sinon, on peut le préparer en achetant du chorizo frais non séché et en sortant la viande du boyau.

Divers

82

Buñuelos de queso
Beignets au fromage

- Beignets selon recette p. 117
- 2 poireaux

CRÈME DE FROMAGE :

- 100 g de roquefort ou de bleu des Asturies
- 50 g de beurre
- 100 g de fromage à tartiner du type Filadelfia

Préparation

Crème de fromage : laisser les fromages et le beurre à température ambiante, ils seront ainsi plus malléables. Les mélanger en remuant vigoureusement de façon à obtenir une crème homogène. Poireaux : les couper en tranches minces dans le sens de la longueur, puis tailler de fines lamelles que l'on fera dorer pour les rendre bien croustillantes.
Présentation : garnir les beignets déjà préparés avec la crème de fromage et les ranger dans un plat rond. Décorer de lamelles de poireau frit.

83

Canutillos de jamón y queso

Petites flûtes au jambon et au fromage

- **6 tranches fines de jambon blanc**
- **6 portions de crème de gruyère**
- **10 cl de crème fraîche**
- **50 g de beurre**
- **2 cuillerées à soupe de fromage crémeux fort**
- **1 cuillerée à soupe de flocons de purée de pommes de terre**

POUR L'ENROBAGE :
- **2 œufs**
- **Chapelure**
- **Huile d'olive de friture**

Préparation

Faire chauffer la crème fraîche avec le fromage crémeux et le beurre. Amener à ébullition et y jeter les flocons de purée et le fromage fort. Remuer sans s'arrêter en manteinant sur le feu, de façon à obtenir une purée épaisse. • Etaler une tranche de jambon et la tartiner de fromage et d'un peu de purée chaude. Enrouler et fixer à l'aide de deux bâtonnets. • Une fois la purée refroidie, enrober les flûtes d'œuf et de chapelure. Faire frire dans beaucoup d'huile.

84

Coca de sobrasada

Tarte à la soubressade

GARNITURE :
- **200 g de soubressade**
- **2 cuillerées à soupe de soupe à l'oignon en sachet**
- **1 cuillerée à soupe de vin doux Pedro Ximénez**
- **1 cuillerée à soupe de sucre**

PÂTE :
- **10 cl d'huile**
- **5 cl de vin blanc**
- **2 œufs**
- **20 g de levure de boulanger**
- **1 cuillerée à soupe de sel et 1/2 de sucre**
- **300 g de farine**

Préparation

Pâte : délayer la levure dans le vin blanc tiède. Ajouter l'huile et les œufs battus. Remuer et verser la farine additionnée de sel et de sucre. Travailler pendant 10 minutes jusqu'à obtention d'une pâte bien souple, l'étaler au rouleau en lui donnant une forme arrondie et pincer les bords avec les doigts pour les relever et donner plus de volume à la pâte. Piquer le fond avec une fourchette. • **Garniture :** faire tiédir la soubressade. Ajouter le vin doux et la soupe à l'oignon et remuer jusqu'à obtention d'une pâte homogène. • Couvrir la pâte de ce mélange. Recouvrir de papier d'aluminium et passer au four à 180° pendant 25 minutes. A mi-cuisson, enlever le papier et surveiller la température du four pour éviter de brûler le dessus de la tarte.
Remarque : on peut également utiliser de la pâte feuilletée surgelée.

85

Crêpes rellenas de ensalada de pollo
Crêpes fourrées à la salade de poulet

- **Pâte à crêpes (p. 117)**
- **1 tasse pleine de laitue ciselée**
- **2 yaourts onctueux**
- **1 blanc de poulet**
- **Quelques gouttes de sauce Worcestershire (Perrins)**
- **1 cube de bouillon de viande concentré**
- **Sel**
- **Quelques brins de persil**
- **Quelques lamelles de poivrons**

Préparation

Utiliser des crêpes du commerce ou les préparer selon la recette. • Faire bouillir le blanc de poulet pendant 12 minutes dans l'eau additionnée du bouillon de viande concentré. Hacher finement. • Couper les feuilles de laitue en petits morceaux après les avoir nettoyées. Mélanger quelques gouttes de sauce Worcestershire (Perrins) au yaourt et assaisonner. • Mélanger le blanc de poulet haché et la laitue avec la sauce au yaourt. Remplir les crêpes, les rouler sur elles-mêmes et décorer avec du persil et du poivron.

86

Croquetas de pollo y jamón

Croquettes au poulet et au jambon

- Sauce béchamel (p. 114)
- 150 g de poulet rôti ou cuit
- 30 g de jambon
- Sel
- Noix de muscade

Préparation

Préparer une béchamel avec 60 g de farine et les autres ingrédients en quantité proportionnelle. Incorporer le poulet et le jambon, bien mélanger. Amener à ébullition, puis laisser refroidir complètement en couvrant avec un papier film collé à la surface pour éviter la formation d'une peau. Allonger la pâte à l'aide de deux cuillères pour façonner les croquettes. Passer dans l'œuf battu, puis dans la chapelure. Les remodeler. Les plonger dans l' huile à 170°.
Remarque : les quantités de farine et de lait sont approximatives, la farine absorbant plus ou moins de liquide selon son degré d'humidité. Quoiqu'il en soit, la béchamel doit avoir une consistance épaisse.

87

Empanada gallega

Chausson galicien

GARNITURE :
- **20 cl d'huile et de sel**
- **3 oignons hachés**
- **4 poivrons *piquillo* en conserve**
- **1 tomate pelée et hachée**
- **3 boîtes de sardines à l'huile ou 1 kg de sardines fraîches**

PÂTE :
- **500 g de farine**
- **15 cl d' huile**
- **5 cl de crème fraîche ou de lait**
- **2 œufs, 1 œuf battu**
- **1 cuillerée à soupe de sel et 1 de sucre**
- **30 g de levure de boulanger**

Préparation

Garniture : faire revenir dans l'huile les oignons et les poivrons. • Débarrasser les sardines de leur peau et enlever l'arête centrale. Les ajouter au sauté d'oignons. Quand elles deviennent transparentes, ajouter la tomate et le sel. Faire revenir le tout jusqu'à cuisson complète.
• **Pâte :** délayer la levure dans la crème ou le lait tiède. Incorporer le vin, l'huile et les œufs battus. Ajouter la farine, le sel et le sucre. Pétrir à la main ou dans un robot pendant 10 minutes jusqu'à obtention d'une pâte bien souple. • Diviser alors cette pâte en deux parties. Etaler l'une d'elles au rouleau et la remplir du mélange revenu. La recouvrir avec l'autre partie de la pâte étalée. Badigeonner d'œuf battu et passer au four à 180° pendant 25 minutes.

88

Fideuá

- 250 g de gros vermicelles
- 2 poivrons verts
- 4 gousses d'ail
- 500 g de calmars
- 500 g de crevettes
- 10 cl d'huile d'olive
- 75 cl de bouillon de poisson
- Sel
- Aïoli selon recette p. 114

Préparation

Préchauffer le four à 250°. Faire revenir les crevettes à l'huile dans une poêle quelques minutes, puis les décortiquer. Faire cuire les têtes, puis les écraser au presse-purée. Réserver leur eau de cuisson. • Faire revenir l'ail, les poivrons et les calmars dans la poêle à paella ; laisser cuire un moment, puis ajouter les vermicelles et les faire bien revenir tout en remuant. • Y verser le jus bouillant des crevettes et compléter avec de l'eau si nécessaire. • Mettre au four pendant 20 minutes. Ajouter les crevettes en dernier.
Présentation : servir accompagné de l'aïoli.

89

Migas con jamón y chorizo
Miettes au jambon et au chorizo

- 1 pain blanc rond (500 g)
- 3 gousses d'ail
- 2 cuillerées de *pimentón* (paprika)
- 4 cuillerées à soupe d'eau
- 3 cuillerées à soupe d'huile
- 50 g de dés de jambon serrano
- 12 rondelles de chorizo

Préparation

Il est préférable de préparer les miettes la veille. Emietter le pain sans utiliser la croûte. • Hacher les gousses d'ail et les mélanger avec l'eau et le *pimentón*. Tremper la mie de pain dans ce mélange en remuant bien pour l'imprégner de toutes parts. Former des boules, les envelopper dans un linge humide et les laisser reposer 12 heures. • Les plonger ensuite dans très peu d'huile et les faire dorer en prenant soin de ne pas les rendre trop grasses. • Les aplatir, les creuser et les remplir de jambon et de chorizo en les agitant. Consommer aussitôt.

90

Paella

- 2 grandes tasses de riz
- 300 g de crevettes
- 100 g de porc maigre en dés
- 10 ailes de poulet
- 15 cl d'huile d'olive
- 3 gousses d'ail
- 1 tomate pelée et hachée
- Quelques gouttes de jus de citron
- Sel et safran
- 4 grandes tasses de bouillon de crevettes
- 2 œufs durs et un poivron en conserve

USTENSILE : 1 poêle à paella

Préparation

Décortiquer les crevettes, faire revenir les queues pendant quelques minutes et réserver au réfrigérateur. Faire cuire les têtes à l'eau pendant 30 minutes, les broyer et les passer au chinois. Garder le bouillon au chaud. Saler et poivrer la viande. Dans une poêle à paella faire revenir l'ail dans l'huile, ainsi que le poulet et le porc. Verser le riz et remuer pendant 5 minutes. • Ajouter le citron, la tomate, le sel, le poivre et le safran pilé. Arroser du bouillon de crevettes chaud, et compléter avec de l'eau chaude si nécessaire. Lorsque le tout commence à bouillir, mettre au four à 180° pendant 20 minutes et laisser reposer 15 minutes supplémentaires hors du four. Si le riz est encore dur et sec, asperger d'eau avec les doigts, couvrir et mettre à chauffer quelques minutes de plus.

Présentation : décorer avec les queues de crevettes frites, les œufs durs et les poivrons.

91

Pincho de diversos escabeches
Assortiment d'escabèches

- 6 tranches de pain complet rond
- 1 boîte de tomate frite
- 3 œufs de caille
- 1 boîte de moules en escabèche
- 1 boîte d'olives fourrées au poivron rouge
- 1 boîte de petits oignons au vinaigre
- 1 poivron *piquillo* en morceaux
- 6 cornichons

Préparation

Tartiner le pain de sauce tomate. • Couper chaque cornichon en 4 morceaux que l'on disposera en étoile sur chacune des tranches de pain. Déposer dans les intervalles alternativement les moules, les petits oignons et le poivron. Garnir le centre d'un demi œuf de caille que l'on aura fait cuire pendant 5 minutes.

92

Queso de cabra sobre cebolla
Fromage de chèvre sur lit d'oignons

- 6 tranches de pain du type *chapata* (sorte de pain de campagne plat et allongé)
- 6 petits fromages de chèvre
- 1 oignon haché
- 2 gousses d'ail hachées
- 3 cuillerées à soupe d'huile d'olive
- Raisins secs de Malaga

Préparation

Couper le pain en biais de façon à obtenir de longues tranches. • Faire revenir l'oignon jusqu'à ce qu'il devienne transparent. Ajouter ensuite l'ail sans le faire roussir. • Couper les petits fromages en deux. • Placer l'oignon revenu sur le pain avec un peu de son huile de cuisson et le recouvrir de deux moitiés de fromage. • Passer au four à 160° quelques minutes afin de ramollir le fromage.

Présentation : disposer les raisins par-dessus.

93

Queso frito de cabra
Fromage de chèvre frit

- **6 tranches de pain de mie**
- **1 tomate mûre et charnue**
- **6 cuillerées à café d'huile d'olive vierge**
- **2 petits fromages de chèvre**
- **80 g de chapelure**
- **2 cuillerées à soupe de *pimentón* doux (paprika)**
- **Une pincée de sucre**
- **2 œufs pour l'enrobage**
- **3 cornichons au vinaigre**

Préparation

Couper le pain en cercles de la taille de la tomate. • Détailler celle-ci en rondelles très fines. • Partager les fromages de chèvre en trois tranches chacun. • Mélanger le *pimentón* doux à la chapelure. • Pour finir, tremper les petits fromages dans l'œuf et la chapelure et les faire frire.
Présentation : couvrir le pain d'une rondelle de tomate, saupoudrer de sucre et arroser d'une cuillerée à café d'huile. Déposer, pour finir, les petits fromages frits et décorer de cornichons.

94

Queso, higos y jamón de bellota

Fromage, figues et jambon de bellota (jambon cru de porc nourri au gland)

- 6 tranches de pain de mie
- 6 cuillerées à soupe d'huile d'olive vierge
- 100 g de fromage à tartiner
- 100 g de jambon en tranches très fines
- 6 figues

Préparation

Couper le pain en tranches rondes que l'on fera griller. • Couper les figues en quatre en forme de fleur. • Enduire le pain d'huile puis tartiner de fromage. Y déposer le jambon et les figues.
Conseil : prévoir plus de figues que la quantité indiquée, car il arrive que certaines d'entre elles s'abîment quand on les coupe.

95

Sobrasada y torta del Casar gratinada

Gratin de soubressade et *torta del Casar*

- **6 tartines de pain du type *chapata* (sorte de pain de campagne, plat et allongé)**
- **6 tranches de soubressade**
- **1 fromage du type *torta del Casar***

Préparation

Couper le pain en biais pour obtenir des tranches allongées. • Acheter un fromage *torta del Casar* bien moelleux et enlever la croûte du dessus à l'aide d'un couteau, découvrant ainsi la partie crémeuse du fromage. • Tartiner le pain de soubressade et de 2 ou 3 cuillerées de crème de fromage. • Faire gratiner 2 minutes, le temps que le fromage fonde et que les tartines dorent légèrement.

96

Tapa de brie

- **500 de brie**
- **Pain du type *chapata* (sorte de pain de campagne, plat et allongé)**
- **6 cuillerées à <<moka>> d'huile d'olive à 0,4°**
- **6 brins de romarin**

Préparation

Couper le pain en biais de façon à obtenir des tranches plus longues et pouvoir leur donner la forme du fromage. • Verser quelques gouttes d'huile sur chacune des tranches et les recouvrir de 6 portions triangulaires découpées dans le brie. • Mettre au tour à 200° pendant 3 ou 4 minutes.

Présentation : décorer de petites branches de romarin.

97

Tapa de fritos de queso
Tapa au fromage en friture

- **Sauce béchamel (p. 114) préparée avec 50 g de farine**
- **100 g de gruyère râpé**
- **2 œufs, blancs et jaunes séparés**
- **4 tranches de pain de mie**
- **Grande quantité d'huile**

Préparation

Oter la croûte du pain et découper 4 carrés dans chaque tranche. • Préparer la béchamel avec 50 g de farine et les autres ingrédients dans les proportions indiquées par la recette. • Une fois terminée, laisser tiédir et mêler à cette sauce les jaunes d'œuf et le fromage râpé. Remuer soigneusement. • Monter les blancs en neige et les incorporer délicatement à la béchamel. • Tartiner le pain avec la crème en formant un petit dôme. Faire frire dans une grande quantité d'huile. Consommer sans attendre.

98

Tapa de queso y nueces

Tapa de fromage aux noix

- 6 tranches de pain
- 100 g de roquefort
- 50 g de fromage à tartiner du type Filadelfia
- 100 g de beurre tendre
- 100 g de noix
- 2 cuillerées à soupe de crème fraîche
- Brins d'estragon

Préparation

Crème de fromage : ramollir les fromages pour pouvoir les malaxer facilement avec le beurre et la crème fraîche. • Garder 12 noix pour la décoration et mixer le reste dans un robot. Ajouter aux fromages. Mettre à refroidir au réfrigérateur.

Présentation : répartir la crème sur les tranches de pain et décorer avec les noix entières et l'estragon.

99

Tartaletas de aceitunas negras y sardinas

Tartelettes aux olives noires et aux sardines

- **12 tartelettes de pâte feuilletée du commerce ou faite maison selon la recette p. 118**
- **150 g d'olives noires**
- **2 œufs durs**
- **85 g de sardines à l'huile d'olive en boîte**
- **2 cuillerées à soupe d'huile d'olive**

Préparation

Dénoyauter les olives et les hacher le plus finement possible. • Débarrasser les sardines de leur peau et enlever l'arête centrale. Les hacher. • Faire cuire les œufs 12 minutes dans l'eau salée et les écaler sous l'eau froide. Garder uniquement les blancs et les écraser. • Mélanger les olives avec les sardines et une ou deux cuillerées à soupe d'huile, en remuant soigneusement de façon à obtenir une pâte homogène. On peut utiliser un robot électrique.

Touche finale : répartir le mélange olives-sardines dans les 12 tartelettes et décorer de petits tas de blanc d'œuf dur haché.

100

Volován caliente de torta del Casar

Vol-au-vent chaud au *torta del Casar*

CHOISIR POUR GARNIR :

- **6 vol-au-vent ou 6 tartelettes ou 6 tranches de pain**
- **1 fromage *torta del Casar***

Préparation

Choisir le support à garnir de fromage selon la préférence. Si on décide de confectionner les tartelettes, suivre la recette de la pâte brisée (p. 117). • Les vol-au-vent se trouvent dans les magasins spécialisés et doivent être réchauffés quelques minutes au four. • Remplir les tartelettes ou les vol-au-vent avec le fromage en le faisant déborder. • Si l'on utilise du pain, tartiner les tranches de fromage. Enfin, mettre au four à 160° et sortir quand le fromage commence à fondre. Cela demandera environ 2 minutes.

Sauces et pâtes

Salsa alioli
Aïoli

- **2 œufs**
- **25 cl d'huile d'olive à 0,4°**
- **2 cuillerées à soupe d'eau**
- **1 cuillerée à soupe de vinaigre de vin rouge**
- **2 gousses d'ail hachées**
- **Sel**
- **Une pincée de sucre**

Préparation

Battre les œufs au mixeur ou au fouet électrique. Hacher l'ail après avoir retiré le germe intérieur. Ajouter l'huile, tout d'abord goutte à goutte, puis incorporer l'ail et continuer de mixer sans s'arrêter. Lorsque la mayonnaise a pris, on peut ajouter l'huile en petits filets et continuer de mixer jusqu'à ce qu'elle soit terminée. Délayer en ajoutant le vinaigre et l'eau. Assaisonner et émulsionner de nouveau pendant quelques minutes.

Salsa besamel
Sauce béchamel

- **40 cl d'huile d'olive à 0,4° ou 50 g de beurre**
- **30 g de farine**
- **50 cl de lait**
- **Sel**
- **Noix de muscade**

Préparation

Faire bouillir le lait. • Verser l'huile dans une casserole à fond antiadhésif et y faire revenir la farine. Ajouter le lait graduellement en battant le mélange au fouet et en attendant que le mélange épaississe avant de rajouter du lait. • Lorsque le mélange a la consistance d'une crème, assaisonner avec de la noix de muscade et du sel.

Salsa de ahumados
Sauce pour poisson fumé

- **20 cl de mayonnaise selon recette (p. 116)**
- **1 œuf dur haché**
- **1 cuillerée à soupe de moutarde douce du type Savora**
- **2 cuillerées à soupe de yaourt onctueux**
- **1 cuillerée à soupe de sucre**
- **1 cuillerée à soupe d'aneth ciselé**
- **Sel**
- **Poivre**

Préparation

Faire une mayonnaise. Ajouter le yaourt onctueux, la moutarde, le sel, le sucre et le poivre moulu. Remuer jusqu'à obtenir une crème homogène. Incorporer l'œuf dur haché et l'aneth.

Salsa de tomate española
Sauce tomate espagnole

- **20 cl d'huile d'olive**
- **3 oignons hachés (250 g approx.)**
- **1 gousse d'ail hachée**
- **1 kg de tomates mûres coupées en morceaux**
- **1 feuille de laurier (facultatif)**
- **Sel**
- **Sucre**

Préparation

Faire revenir l'oignon dans l'huile, saler et sucrer. Lorsque l'oignon devient translucide, ajouter l'ail, les tomates et le laurier. Ecraser les tomates avec une écumoire pendant la cuisson. Cette sauce doit cuire doucement pendant deux heures. Après la cuisson, passer au tamis ou au presse-purée.
Remarque : ne pas mixer au robot électrique.

Salsa mayonesa
Mayonnaise

- **2 œufs entiers**
- **50 cl d'huile d'olive à 0,4°**
- **1 cuillerée à café de vinaigre de xérès**
- **2 cuillerées à soupe d'eau**
- **Sel**
- **Poivre**
- **Une pincée de sucre**

USTENSILES : robot électrique

Préparation

Placer les œufs dans le bol du mixeur et ajouter l'huile goutte à goutte sans cesser de mixer. Lorsque la mayonnaise a pris, on peut ajouter l'huile en petits filets et continuer de mixer jusqu'à ce qu'elle soit terminée. Ajouter alors l'eau et le vinaigre, saler et poivrer. Emulsionner de nouveau pendant quelques minutes.

Remarque : bien laver les œufs avant de les écaler. Par temps frais, on peut conserver cette sauce une semaine au réfrigérateur dans un bocal en verre fermé.

Salsa rosa
Sauce rose

- **25 cl de mayonnaise selon recette (p. 116)**
- **2 cuillerées à soupe de Ketchup**
- **1 cuillerée à soupe de brandy**
- **1 cuillerée à café de sucre**
- **Sel**

Préparation

Ajouter les autres ingrédients à la mayonnaise et mixer pendant deux minutes.

Remarque : cette sauce peut être confectionnée avec de la mayonnaise maison ou en conserve Dans le deuxième cas, on ajoutera deux cuillerées à soupe de crème fraîche aux ingrédients mentionnés.

Crema para las crêpes
Pâte à crêpes

- **125 g de farine (12-14 crêpes)**
- **2 œufs**
- **25 cl de lait entier**
- **Huile d'olive pour friture**
- **Sel**

USTENSILES :
Une petite poêle de 7 cm de diamètre et un robot électrique

Préparation

Placer tous les ingrédients dans le bol du mixeur. Bien malaxer et laisser reposer la pâte obtenue pendant une heure au réfrigérateur. Faire chauffer une poêle graissée avec un coton imprégné d'huile. Lorsqu'elle est bien chaude, la retirer du feu et verser une cuillerée de pâte en tournant la poêle pour étaler la pâte. Remettre la poêle sur le feu jusqu'à ce que la pâte soit figée. Retourner et faire cuire de l'autre côté. Recommencer l'opération jusqu'à terminer la pâte.
Remarque : les crêpes peuvent être préparées plusieurs jours à l'avance et congelées empilées, après avoir placé une feuille de papier d'aluminium entre chaque crêpe.

Masa de buñuelos o pasta "choux"
Pâte à beignets

- **25 cl d'eau**
- **75 g de beurre**
- **125 g de farine**
- **4 œufs**
- **Sel**

Préparation

Faire chauffer l'eau avec le beurre et le sel. Lorsque l'eau commence à bouillir, verser la farine d'un seul coup. Baisser le feu et remuer jusqu'à obtenir une boule qui se détache des parois de la casserole. Plus cette pâte sera sèche, plus les beignets gonfleront. Laisser refroidir un peu et ajouter les œufs un par un, en attendant que le premier soit bien mélangé à la pâte pour ajouter le deuxième, et ainsi de suite jusqu'au dernier. Préchauffer le four à 180° pendant 15 minutes. Graisser la plaque et disposer la pâte sous forme de petites boules suffisamment séparées pour qu'elles ne collent pas les unes aux autres en gonflant. Faire cuire au four 20 minutes. Sortir un beignet du four pour vérifier s'il est bien sec à l'intérieur. S'il est humide, il retombera au sortir du four. Dans ce cas, laisser cuire un peu plus longtemps. Laisser refroidir et conserver dans une boîte bien fermée.

Masa para empanadillas
Pâte à chausson

- **3 cuillerées à soupe rases d'huile d'olive**
- **3 cuillerées à soupe rases de lait**
- **3 cuillerées à soupe rases de vin rouge**
- **95 g de farine approx.**
- **Sel**

Préparation

Mélanger les ingrédients liquides et assaisonner généreusement. Ajouter la farine en pétrissant avec les mains jusqu'à obtenir une pâte souple. Laisser reposer la pâte pendant une heure. Saupoudrer le plan de travail de farine et étaler la pâte à l'aide d'un rouleau à pâtisserie, pour obtenir une abaisse très fine. Former des disques de pâte d'environ 7 centimètres. Pour les utiliser, les remplir et les faire frire dans beaucoup d'huile.
Remarque : les chaussons déjà préparés sont très pratiques. On peut également utiliser de la pâte feuilletée étalée très finement.

Masa quebrada
Pâte brisée

- **250 g de farine**
- **125 g de beurre**
- **1 jaune d'œuf**
- **3 cuillerées à soupe d'eau**
- **Sel**

Ustensiles : moules individuels

Préparation

Verser la farine dans un grand bol. Faire large un creux au centre et y placer le beurre, préalablement assoupli pour obtenir une consistance de pommade, le jaune d'œuf, l'eau tiède et le sel. Mélanger ces ingrédients avec les doigts et ajouter peu à peu la farine jusqu'à obtenir une pâte qu'il faudra manipuler le moins possible. Laisser reposer de une à douze heures. Après avoir saupoudré le plan de travail de farine, étaler la pâte à l'aide du rouleau à pâtisserie en décrivant un cercle à partir du centre. Graisser les moules et les foncer avec la pâte. Pour éviter la formation de poches d'air, piquer la pâte avec une fourchette et placer une boulette de papier d'aluminium. Laisser reposer de nouveau au congélateur environ 10 minutes. Mettre au four pendant 15 à 25 minutes à 180°. Surveiller la cuisson et sortir du four lorsque la pâte est légèrement dorée.
Remarque : on trouve dans le commerce de la pâte surgelée que l'on pourra utiliser pour éviter le temps de préparation. Cependant, le résultat ne sera jamais le même, car les pâtes maison confectionnées avec des matières grasses naturelles sont toujours plus savoureuses.

Index thématique

5 Légumes et champignons

29 Œufs

39 Poissons et fruits de mer

69 Viandes et volailles

Index alphabétique

Edition et production : ALDEASA
Texte : Esperanza Luca de Tena
Traduction : Polisemia
Photos : © Cristina Rivarola
Stylisme : Roser Domingo
Cuca Roses
Conception de la collection : Atela diseño gráfico
Mise en page : Aldeasa
Photocomposition : Lucam / Cromotex
Impression : Artes Gráficas Palermo, S.L.

I.S.B.N.: 978-84-8003-341-1
D.L.: M-27377-2008